U0931864

信念再思叢書

Common Sense Christianity

雞毛蒜皮的信仰

二版

許立中 著

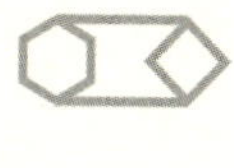

基道出版社

▼

信念再思叢書

雞毛蒜皮的信仰

Common Sense Christianity

作者
許立中 Stephen Hui

責任編輯
梁冠霆

裝幀設計
奇文雲海・設計顧問

■

出版／發行
基道出版社
香港沙田火炭坳背灣街26號富騰工業中心1011室
LOGOS PUBLISHERS
Unit 1011, Fo Tan Ind. Centre, 26 Au Pui Wan St., Shatin, Hong Kong
電話：(852) 2687-0331 傳真：(852) 2687-0281
網址:http://www.logos.com.hk

承印
陽光印刷製本廠

●

10/2013 初版 9/2014 二版
Cat. No. LP379-2
ISBN: 978-962-457-468-5

Printed in Hong Kong

刷次	10	9	8	7	6	5	4	3	2	1
年份	2023	2022	2021	2020	2019	2018	2017	2016	2015	2014

自序

信仰的困局

這本小書選輯了部分我自二〇〇九至二〇一〇兩年間在《基督教週報》撰寫的一個信仰專欄「問道」。

從收到的問題判斷，提問者信主的日子大概也不短，對信仰的認識卻不多。他們給人的印象，是信仰的養分根本就落不到生活的層面，以致他們對個別具體問題缺乏基本辨析的能力。

這牽涉到我的另一個觀察。現代福音派教會往往為了傳福音的緣故，總是把握每個機會去呼召人決志信耶穌。他們生怕機會一旦錯過了，也就永遠地失去一個寶貴的靈魂。於是不單是「得時不得時」，有時更像個心急散貨的推銷員，快刀斬亂麻地鼓勵人倉促作出那個「生命中最重要的決定」。

他們或許沒有想過對方是不是確實明白，更不敢好像耶穌那樣勸人「先坐下計算代價」，恐怕他們想多了便夜長夢多。於是重要的是好歹要他們先「決志」，其餘的往後再從長計議就是了。他們看不見這種「決志」的荒謬性，以為不管用甚麼方法，只要勸服對方在保單上畫了押，事就這樣成了。事實上他們就連福音是甚麼恐怕也搞錯了。而那些「決志者」日後的光景，當然不在他們考慮之內。

我記起小時候聽過的一個寓道故事。話說《美麗新世界》（*Brave New World*）的作者赫胥黎（Aldous Leonard Huxley）有一次到倫敦演講，因為火車誤點，以致他到達的時候離演講會的開始時間已不到半個鐘。他很快便跳上了一輛馬車，吩咐車夫快馬加鞭，全速前進。坐下半晌，定過神來望出窗外，再問車夫他們身在何處。車夫回過頭來答道：「我不知道，先生。不過我們確實正在全速前進。」

欲速不達。有時我們確實是跑得愈快，錯得愈多。

就以信耶穌來說，若不先拆掉舊有的價值觀和思考方式（那不正是信仰要處理的問題嗎？），你就只不過是在原有的神枱上換一塊神主牌；名稱是不同了，一切卻依然沿用舊制。就像摩西上西奈山領受法版，亞倫卻在山下，為身在曠野心在埃及的以色列人打造一隻金碧輝煌的牛犢，並政治正確地宣告：「以色列啊，這就是領你出埃及地的神。」（出三十二8）這樣，當倉促的決志者如實表現自己的時候，我們又怎能怪他們不長進呢？

事實上如果信徒比較有「追求」的心志，出去參加一些機構或神學院舉辦的專題講座或延伸課程，那就更加不得了。因為神學院的老師、教授會告訴他們，他們一直在教會被教導、灌輸的一些關鍵的道理，根本就不是聖經原來的意思！甚至他們所信的耶穌，是不是福音書及使徒們所傳講的耶穌，也大有斟酌的餘地。

難怪有時信徒愈是長進，就愈感到困惑。他們終於從教牧的老師口中，明白到他們一直奉若天啟的真理，原來只是一些因時制宜的簡化版本甚或個人見解。他們不明白的是，難道為了教會能夠健康地增長，比較複雜難明的道理也就只好將就一下。他們回顧過往在事奉上的忠心、在信仰上的努力，有多少其實只是草木禾稭，想到「多少平安屢屢失去，多少痛苦白白受」，就不禁悲從中來。

聖經並沒有為每一個處境提供度身訂造的答案；而聖經沒有做的，我當然是不敢為。但沒有度身訂造的答案，卻不代表沒有明確指引。在這裏，每一個誠實的提問，都值得一個認真的回應，縱然那不一定是期望中的行或不行、可以或不可以。

學習如何思考，嘗試從信仰角度去反省問題，才是真正個人成長之道。

再版序

問道

《雞毛蒜皮的信仰》在一年之內再版，令我稍感意外。

我不敢妄自菲薄，但這幾年走進稍具規模的書店，往往被茫茫的書海所震攝。貨架上的產品，件件設計包裝精美；打開稍作掃閱，內容確實也豐富吸引。但除非是非常流行的讀物，能夠被放在比較當眼位置的，就不過是三數週。之後，就被隱沒於浩瀚的書架上。畢竟，興奮地等著上架的新作早已急不及待。

這還未曾計算數碼世界的資訊氾濫。你要找些甚麼資料，「谷歌」一下就可以了，圖書館也不必去。雖說資料未必精準，但應付一般的查詢卻已足夠有餘。在大學強制使用防剽竊軟件檢查功課之前，普通的作業只要找對了資料，有技巧地使用「複製」與「貼上」，抄寫也可以省略。

作為寫作人，在這樣的大環境下，還有甚麼前景？

回頭說《雞毛蒜皮的信仰》。最致命的，是雖然我盡量寫得淺白，卻是刻意不去提供簡單的罐頭答案。這確實有負一般讀者的期望。他們其實不太關心該怎樣去理解當前的問題，只想很快地跳到最後兩行，看看他們應該站到那一邊，以致一旦有人問起，他們就可以很快亮出體面的答案，陳明正確的立場。

這樣，我就不能對這本書的銷量抱有太大的期望。

是的，正確的立場，彷彿是今日教會羣體的終極關懷。只是表面類近的問題，也可以因著時代、文化以及實際涉及的具體差異而產生本質上的分別。教會所持的立場，往往被學者所質疑；而學者的洞見，往往亦被教會所揚棄。說到底，你怎能期望教會的弱肢有能力去拆解那些複雜的神學問題？

事實上，無論你站在一個怎樣的立場，都總有不足之處。當你以為自己已經很中立持平，站在你左邊的，仍然會覺得你偏右；站在你右邊的，又會認為你左傾；站在你後面的會嫌你激進，站在你前面的又總嫌你落後。簡而言之，無論你左傾、偏右、前衛、保守，都無法使你立於不敗之地。

有趣的是，昔日永恆的道來到世間，其堅定的態度、超越的立場卻惹來不同的遐想，以致無論是傳統的、左派的、激進的、保守的，都曾經誤以祂為追隨的對象。後來發覺原來只是一場誤會，於是就合力將祂殺了。真實的基督，並不符合他們的設想。

每一個信仰系統、每一套人生哲學，背後都總有一套經過檢驗或未經檢驗、有系統或零散的有關宇宙人生的信念體系。而在相關的體系之內，一切都可以被合理化。最終來說，或許我們需要的，並不是一個權威的立場，而是知道我們為甚麼站在那裏。

信仰要內化，就需要追問。不是為問而問，只是要確定自己接收了些甚麼。畢竟聽過，並不等於信了。聽道的人多，真正信的人，從來都很少。

「信道是從聽道來的，聽道是從基督的話來的」。而連接「聽道」與「信道」的，是「問道」。是為再版序。

目錄

當你願意認真思考這些想法，就會驚覺自己跟一個終日沉醉於奇幻小說世界的孩子無異。

II.

聽起來是屬靈的，不一定是屬靈。

III.

信仰實踐的挑戰 103

基督教信仰給外人其中一個最深刻的印象，恐怕就是「在道理上無懈可擊」，可惜卻往往無法在現實生活中實踐出來。

I.

生命的偶發性

當你願意認真思考這些想法，就會驚覺自己跟一個終日沉醉於奇幻小說世界的孩子無異。

不同的人生閱歷、社會階層，絕對可以因應本身的具體處境，使人對信仰有不同的體會和回應。

永遠的信仰初階

“我是一個初信者，希望對信仰有進一步的認識。實不相瞞，在禮拜堂聽的道理總是比較「八股」，有些道理很牽強，我想問基督教可以「自學」的嗎？有甚麼途徑可幫助自己信得更扎實？”

禮拜堂聽的道理是不是就很牽強、「八股」？公道點來說，那確實不能一概而論。

從牧養的角度而言，一間二、三百人的堂會，會眾來自四面八方，教育程度參差，從事不同行業，信息要適切所有人的需要，的確並不容易。一般的想法，是盡量去調節信息內容，以涵蓋最多的受眾。但這樣一來，信息反而變成了半冷不熱的溫吞水，誰都感到不是味兒。記得有一次主日崇拜之後，一個參加教會聚會已有一段日子的慕道朋友帶點疑惑地問我：「你現在還需要聽這些嗎？」

聽道畢竟不是上課，並不關係到聽者的學歷程度、文化修養，而只是讓信仰去對應生命的實況。亦因為這個緣故，不同的人生閱歷、社會階層，絕對可以因應本身的具體處境，使人對信仰有不同的體會和回應。禮拜堂的道理有時比較「八股」，或許是因為它們否定了「道成肉身」的原則，而強調「純正」教理的傳授。只是一旦這些教義道理脫離了具體的生命實況，它們就變得理論化和難以理解。

希伯來書的作者指出：「所以，我們應當離開基督道理的開端，竭力進到完全的地步。不必再立根基，就如那懊悔死行、信靠神、各樣洗禮、按手之禮、死人復活，以及永遠審判各等教訓。」（來六 1～2）換句話說，這裏提到的一切，都不過是「基督道理的開端」，是我們一旦掌握了就應該「離開」的階段！

信仰可以「自學」嗎？當然可以，並且恐怕必須如此！試問誰能替代我們認定並執著心中的信念？使徒約翰說：「你們從主所受的恩膏常存在你們心裏，並不用人教訓你們，自有主的恩膏在凡事上教訓你們……」（約壹二 27）。教會今天的毛病，或許是太不放心讓信徒自己去發現信仰，寧可讓他們停留在可以操控的嬰孩階段；而社會的多元化以及知識的普及化，也使得牧養工作困難重重。但得不到教會的牧養和提點，不甘於受困的信徒，在各自修行的同時，也難免受到社會當時的潮流精神所影響和薰陶。

讓自己信得更扎實的途徑其實只有一條：就是嘗試拋

開那些口號化的陳腔濫調，聆聽自己內心真正的渴求，誠實地問幾個自己真正關心的問題（具體是甚麼問題其實並不重要），然後嘗試看看聖經怎麼說。當然，基於我們對聖經或許已有一套相當牢固的誤解，你大概不會看出甚麼端倪。這時，你可以打聽幾個信得過的作者，或者相關的經典著作，看看他們怎樣從信仰的角度處理這些問題。一旦掌握信仰的實存意義，往後各自的道路該怎麼走下去，已經不太重要。Ω

只是我們動不動就去「搖動上主的手」，要祂遷就我們這個意願、給我們那個方便，隨時取消或擱懸祂創世以來為宇宙人間訂立的定理規則，這又怎麼說得過去？

神應允了誰的甚麼禱告？

“讀報章看到一些禱告蒙應允的見證，說因為他們誠心禱告，油價由高位的一百多美元回落至三十多美元，但早前因以色列空襲加沙，油價又漲十多美元。究竟油價的升跌和禱告有甚麼關係？是誰掌管油價的高低？”

坦白說，原油價格由去年中暴漲至接近一百五十美元一桶，到前陣子又暴跌至四十美元以下，實在很難令人相信沒有人為的操控，譬如產油的政策甚至市場消息的炒作等；正如上面也提到，中東最近的緊張局勢，對油價升跌當然亦有一定的影響。但無論從哪方面來看，油價的升跌跟個人禱告是否「蒙應允」並沒有甚麼可資鑑證的因果關係。

有人因油價的暴升暴跌而大撈一筆，有人卻因而損手爛腳、傷亡慘重。神到底應允了誰的甚麼禱告？確實叫人費煞思量。

因著禱告夠誠懇而扭轉既定的事實，以致吉人天相、「大步檻過」，確實是最普遍的民間信仰。事實上類似的「蒙應允」的見證，可以見諸於港九新界各大小廟宇會堂，分別只在於有人劏雞還神，有人感恩奉獻。

假設某日教會大旅行，有人祈求天朗氣清、萬里無雲，好使弟兄姊妹得以欣賞神造物的奇妙。另一邊廂，元朗某菜農剛在教會佈道探訪中決志，正迫切祈求神降下甘霖雨露，滋潤其久旱菜地，以證神的大能主權；而引領這人信主的信徒亦衷心希望神應允其禱告，以堅固其幼嫩初信的心。在這個情況下，除非是「天晴，局部地區有驟雨」，否則都總有一方的禱告「得蒙應允」，而另一方則「未蒙垂聽」。

我是在暗示禱告只不過是個人意願的主觀投射嗎？那也不一定。信仰體會的主觀性並不必然否定事件的客觀真實性。而禱告作為一種個人意願的表達，其實亦無可厚非。只是我們動不動就去「搖動上主的手」，要祂遷就我們這個意願、給我們那個方便，隨時取消或擱懸祂創世以來為宇宙人間訂立的定理規則，這又怎麼說得過去？這跟拉關係走後門又有甚麼分別？

神固然曾經以我們無法參透的神蹟奇事去印證祂的大能和同在，卻也在不少慘無人道的戰爭和災害中沉默無聲。而當我們美好的願望並沒有如預期發生，我們又憑甚麼將一切都算到祂的帳上，要祂為我們弄出來的爛攤子負責？

世事的複雜性以及神的智慧實非我們能夠估量。在經過了一切之後，神讓約伯體會到的是：「我立大地根基的時候，你在哪裏呢？」(伯三十八4)作為轉瞬即逝的渺小浮生，我們又能夠找到一個怎樣的立足點，去評估神的作為？更多時，禱告是將我們的注意力從自己當刻即時的需要和感覺，轉到一個更核心和深蘊的考慮，以致無論事情終究如何，總能對神和生命有更深刻的體會。Ω

我們果真相信我們的想法和判斷高過神的想法和判斷？神又會否因為我們無知「祈錯了禱」，而被逼插手干預一些祂本不該插手干預的事情，以致最後竟然「好心做壞事」？

神應該聽或不聽我們的禱告？

“最近教會一位弟兄久病過世，遺下妻兒，令人惋惜。一羣熟悉他的弟兄姊妹感到內咎和自責，因他們曾經為該弟兄的癌病和腦災徹夜禱告，求神醫治，結果他延長了幾年壽命，但卻受盡疾病煎熬。現在這位弟兄終於辭世了，弟兄姊妹怪責自己是否禱告不力，抑或是從起初便「祈錯」了，令弟兄苟延殘喘反為更痛苦？”

弟兄久病過世，遺下妻兒，確實是令人惋惜。更令人感到氣餒和迷惘的，是我們永遠摸不清為何神有時似乎對最絕望的呼喊置若罔聞，有時卻又對一些看似無關痛癢的雞毛蒜皮的小事大施憐憫——起碼這是作為旁觀者的主觀感受。抑或，這純粹就只是旁觀者的主觀感受？

每逢基督徒遇上這類事情，最自然的反應當然就是為病人代禱，祈求醫治。這是絕對可以理解的人之常情。問題是我們應該視之為一種善意的祝願，抑或既是奉主的名祈求，就好歹得有個說法，免得羞辱主名？這樣的話，如果我們看不見事情有明顯的改善，就只好猜度神必然有祂測不透的美意；可是，倘若當事人果真延長了壽命，就像上面提到的例子，有時卻又叫人懷疑這會不會只是延長了疾病的煎熬？到底應該祈求減少痛苦早日見主，還是延長年日榮耀主名？這確是個費煞思量的問題。

有一次在火車上聽到兩個人的對話（嚴格來說，是一個人向另一個人發牢騷）：「一個人給醫好了他們就大鑼大鼓，那更多沒有被醫好的人又怎樣？」他明顯是在質疑某些基督徒宣揚神醫治大能的見證。而這樣的質疑似乎又言之成理：死了就說有神的美意，活過來就說是神的大能，那還有甚麼可以說的呢？這些無法證實或證偽的指稱，聽起來確實更像是沒有認知意義的自圓其說。

我們果真相信我們的想法和判斷高過神的想法和判斷？而我們的禱告是否能夠「動搖」並改變神的心意，縱然祂清楚知道，我們日後亦必然會為這些想法和決定而感到後悔？再者，神會否因為我們「禱告不力」，而對某些本該加以援手的事情坐視不理、袖手旁觀？又會否因為我們無知「祈錯了禱」，而被逼插手干預一些祂本不該插手干預的事情，以致最後竟然「好心做壞事」？你看，當我們願意坐下來思索這些想法背後的含意，就會驚覺這樣的心態思維跟一個終日沉醉於奇幻小說世界的孩子無異。

但我們又該如何處理那從小就被教導相信的寶貴信

念：亞伯拉罕不是為了所多瑪和蛾摩拉而跟神討價還價嗎？末底改不是在以斯帖進諫皇上之前呼籲猶大全民禁食三日三夜嗎？這些當然都是事實。但神最後又有沒有「屈服」於亞伯拉罕情辭懇切的討價還價？而早在猶大全民禁食之前，神不就早已定意要拯救他們嗎（參斯四 14）？這集體行動，與其說是要以誠意打動神的心，不如說是要表明全民對神的投靠，並清晰地定睛於神的作為。

聖經記載耶穌看見一個生來瞎眼的人。「門徒問耶穌說：『拉比，這人生來是瞎眼的，是誰犯了罪？是這人呢？是他父母呢？』耶穌回答說：『也不是這人犯了罪，也不是他父母犯了罪……』。」（約九 2～3）在這個破碎殘缺的塵世，叫人感到遺憾的事比比皆是；雖然那生來瞎眼的人最終得到了醫治，但芸芸眾生中得到特殊恩眷的始終只是少數，而基督徒並不得到特別豁免。畢竟，健康與否，這世界終究不是我們永久的家鄉。Ω

倘若我們像個江湖郎中，有時承諾醫治、有時應許脱困，去利誘人歸到主的名下，到那些人最終得償所願，或發覺手上的期票最後並沒有兑現，信仰也就被棄如敝屣了。

誰作弄了我們？

“我今年大學畢業了，但找工作不容易，人工被壓低了許多，導師説神一定有美意，有帶領，我不明白甚麼是神的旨意，未信主的人是否就沒有神的帶領呢？”

我有一個觀察，就是當人路路暢通、事事順利的時候，很少會占卦算命、求神問卜，彷彿人生就是理當如此，再也沒有別的可能。一旦遭逢不幸、飛來橫禍，或者只是略有阻滯、偶遇困境，就頓覺晴天霹靂、生無可戀，不禁追問造物為何弄人。

因此，我對於動輒將環境際遇跟信仰拉上太直接的關係很有保留，彷彿信仰惟一的目的就只是提供心靈的慰藉，以致最終有驚無險、逢凶化吉。倘非如此，信仰就幾乎完全沒有存在的意義和必要。

這確實是大部分人對信仰所抱持的態度。因此，一個宗教或神靈是否「靈驗」，兑換於它能夠為信眾帶來多大的好處，往往就成了它是否得到接受甚至歡迎的條件。

但難道不是每一件事情的發生，都必然有神的美意和帶領嗎？聖經不是説神叫萬事都互相效力，叫愛祂的人得到益處（羅八28）？這又有甚麼不對了？或者我應該這樣説：對於信靠神的人，每一件事情的發生，確實都有神的美意和帶領——只是為甚麼我們就只是在災禍和患難中才求問神的旨意？

再說，對於一些信靠神在凡事上都有美意的人，他們根本就無須去細究神在每個生活小節上有甚麼具體的旨意或特殊的目的，而單純地接受一切美善的事物都是從神而來；就是真有客觀上的危難困厄，神也總能藉以成全祂的好意（參創五十20）。而這決不是魯迅筆下的「精神勝利法」；難道要我們相信無處不在的惡魔在凡事上都跟我們作對，以致我們必須提心吊膽，懷著苦毒怨恨去回應過去和面對將來？

在金融海嘯的衝擊下，有人說要是神讓他們得回風暴中的損失，他們或許就會考慮相信。但我們明白，為著現世利益選擇信仰的，最終都會為著現世利益離開信仰。倘若我們像個江湖郎中，有時承諾醫治、有時應許脫困，去利誘人歸到主的名下，到那些人最終得償所願，或發覺手上的期票最後並沒有兌現，信仰也就被棄如敝屣了。

你不明白甚麼是神的旨意，這是個很嚴重的問題。「不要作糊塗人，要明白主的旨意如何。」(弗五 17) 其實只要隨便找本串珠聖經串一串，就甚麼都一清二楚了。譬如「神的旨意原是要你們行善，可以堵住那糊塗無知人的口」(彼前二 15)。而無論我們的際遇如何，神的旨意其實都沒有改變；當我們定意實踐神的旨意，自然不難看見祂在凡事上的帶領。

未信主的人是否就沒有神的帶領呢？這當然不是我們的經驗。「…… 神是不偏待人。原來，各國中那敬畏主、行義的人都為主所悅納」(徒十 34 ～ 35)。對於立志尋求神帶領的人，從來沒有分「信主前」抑或「信主後」。Ω

不少現代的「先知」，都以具體實效去重新詮釋傳統的屬靈原則，以證明信仰確實可以達到「這個世界」所認可的目的和指標。

「開大」抑或「開細」?

“我教會的牧者時常提醒我們做甚麼事都要「捉摸神的心意」，例如我女兒快升中了，要填寫派位志願，牧師説神一定會為我的女兒安排一間最好的學校，所以囑我填寫前要先捉摸神的心意。但我覺得這説法很「玄」，真是丈八金剛摸不著頭腦。”

使徒保羅確曾規勸信徒「不要效法這個世界，只要心意更新而變化，叫你們察驗何為神的善良、純全、可喜悅的旨意」（羅十二2）。意思大概是勸我們不要太過適應外在的文化環境，慣於用一般世俗的、習以為常的想法和價值觀去判斷事物，反倒要從內心出發，嘗試去體察神在當刻會不會有更高更美的心意。

將「察驗神的心意」理解為「捉摸神的心意」，意思是去猜度神在某件特殊的事上到底會「開大」抑或「開細」，又或者哪個才是祂所「欽點」的、萬無一失的選擇，那就是將原本合情合理的信仰，還原為最原始的初民信仰。這在心態上跟用紙牌、掣籤、擲骰去決定並沒有太大的分別。

話說回頭，在選擇派位志願的事上，「這個世界」的想法，不外乎選擇一間在會考成績和升讀大學的比率上有良好「業績」（track record）的學校，好讓子女在踏入這個競爭激烈的社會之前，有多一點本錢。這是「正路」的做法，也符合這個社會的遊戲規則。

我有一位朋友，她女兒升中的時候，本來可以勉強進入一間「一線」(band one)的中學，但當我的朋友考慮到女兒的能力，可以預見她將會追得很辛苦，並且極可能落後於大勢，反而加添她的挫敗感，於是最後為她選擇了一間只屬於「二線」但校風良好的中學。如今，這孩子正在考慮去哪個地方繼續她的後博士研究。

當然，問題最終還不在於到底哪個方法、哪種策略更為有效和成功，否則仍然脫離不了「這個世界」的意識形態、邏輯思維。不少現代的「先知」，都以具體實效去重新詮釋傳統的屬靈原則，以證明信仰確實可以達到「這個世界」所認可的目的和指標。「屬靈原則」只是工具和手段，「這個世界」才是最終的目的。

這兩種態度最主要的分別，正是在於我們最終的效忠對象。正如主耶穌曾指出：「凡要救自己生命的，必喪掉生命……」(太十六25)。定睛於神的身上——例如，我們問：神所喜悅的，是一個怎樣的生命？是那年輕有為的官嗎？——而將其他一切讓我們頭暈目眩、左右為難的因素豁出去，不計較眼前的得失，問題就自然變得豁然開朗。「捉摸」的問題並不在於「玄」，乃在於沒有「察驗」，而將當刻的感覺和機遇，視為神的心意。

固然，神的帶領有時確實超乎我們的計算和考量，事情的結局亦往往在我們的意料之外，但我們卻不能因此而否定我們當盡的本分。倘若盡了本分，我們就可以相信，生命中的每一個經歷、所遇見的每一個人和每一件事，都是我們迎向那只有神知道的將來的最佳準備！ Ω

在生命道路眾多的可能性中，
鮮有真正非如此不可的抉擇。

怎樣尋求神的旨意？

“在一份刊物上讀過某位司級官員的見證，他說在離職前曾禱告尋求神的旨意，如果在翌日的高爾夫球賽上自己表現出色，則意味著神要他辭去司長的公職。結果第二天，他在未如理想的場地仍表現優秀，於是便知道神的心意就是叫他立刻辭職。我覺得這樣看尋求神的旨意真的很「騎呢」，究竟我們應如何看尋求神旨呢？”

尋求神的帶領從來都是一件很個人的事情。

舊約聖經曾記載祭司用烏陵和土明這類似占卜的方式，去決斷事情（參出二十八 30）、解決疑難和爭論（參申三十三 8；拉二 63；尼七 65）。士師基甸以羊毛的乾濕，去斷定耶和華是不是要藉他的手去拯救以色列人（參士六 36～40）。這樣，這位官員用高爾夫球場上的表現決定去留，似乎也不見得特別「騎呢」。雖然舊約初民對上主的認識，跟今日信徒透過聖經、教會傳統和歷史對神的理解不可同日而語。

關於該怎樣尋求神的旨意，又或者我們其實只是想趨吉避凶、增加勝算，我在前面也討論過不少，並嘗試從不同的向度切入這個問題。已經提過或眾所周知的原則，就不在這裏重複了。你方便用電腦的話，可以上網搜尋一下。

《憑誰意行？》的作者梁家麟兄，在華爾基（Bruce K. Waltke）的《尋求神的旨意：豈有此理？》（*Finding the Will of God: A Pagan Notion?*）的序言中明言：「聖經以外，沒有人掌握任何窺探上帝旨意的路徑。基督徒必須慎防基督教版本的占星術、求籤、觀兆、問卦或通靈術；不要以為只要是抽金句卡，便可改變了求籤的性質，上帝對這些行為的厭惡，沒有因為題了經文便有改變。」

正面來説，「我們期望信徒的屬靈生命愈加鞏固，對上帝和生活的閱歷不斷增加，善於處理心中的焦慮惶惑，敢於面對不確定的將來，承擔個人的生命和召命。在整個兒實踐上帝旨意的過程中，尋求上帝旨意的問題才得以真正解決。」

此中道出一個重要的道理，就是上帝的旨意是關乎整個生命的方向，而不是碰巧遇到擇偶、轉職、搬屋、移民等問題，才去看看該如何是好。事實上，在生命道路眾多的可能性中，鮮有真正非如此不可的抉擇。具體的取捨，只在涉及道德良心時方成為真正的掙扎。我們的職業、居所、去留甚至配偶，都有一定程度的偶遇性。是我們的回望，賦予這些事物特殊的意義和獨特性，感歎最終「萬事都互相效力」（羅八28）。

說到底，神怎樣帶領這位官員，或者他怎樣體會神的心意，又或者某特首他日怎麼向神交帳，那都是他們跟神之間的事，與我們何干？重要的是我們各人活好自己的生命，按著神恩賜的悟性，回應祂在不同生命處境向我們發出的召喚。Ω

如果生命的偶發性是在時序中發生的事情，神的旨意就可以被視為生命中的機遇，兩者可以並行不悖。

當壞事發生在好人身上

“教會最近接二連三發生了一些不幸的事情，而當事人恰好又是教會中的領袖。他們熱心事奉、待人以誠，教會有些甚麼需要，他們總是第一時間到場。他們的遭遇，讓人替他們感到很不值。為甚麼好人就是沒有好報？在這些不幸的事例中，神的旨意到底如何？”

你的問題，讓我記起詩篇七十三篇。詩人在那裏提出一個相反的問題：為甚麼壞人總是肚滿腸肥？並且作出了一個很深刻的信仰反省。但你的問題，也讓我想到另一個很重要的問題，就是如何理解生命的偶發性與神的旨意之間的關係。我的想法是，生命中許多的事情，在神的創造秩序已有其本身的道理，並不需要訴諸於一個更高的信仰層次，譬如是自然定律與因果關係。

一些特別認真的基督徒可能會提出抗議：信仰不是無所不包的嗎？聖經不是涵蓋了生活所有的範疇，以致沒有一樣不是在它指導的範圍嗎？這樣說當然也沒有錯。但有時太快將生活直接歸因到信仰的層次，也不是沒有問題的。

譬如我們常常聽見一些人遇到不幸，周圍的人很快就會問：「哎呀，這個人那麼好、誠實、可靠又愛主，熱心奉獻、甚至沒有停止過聚會，為甚麼這樣不幸的事仍然發生在他身上？」

如果這只是情緒上的宣洩，我們可以理解。但如果這是一個認真的問題，那就確實需要仔細反省一下：首先，一個人是不是勤奮熱心，跟他會不會遇上交通意外，完全沒有一個物質或屬靈上的因果關係。他按照交通燈號過馬路，但那個醉駕司機沒有看燈號就撞過來；或者他一時疏忽沒有看見轉彎的車輛，那完全是人為的錯誤和疏忽。又譬如一個人長期身處高輻射的環境，身體出現病變，那跟他是不是一個基督徒亦沒有邏輯上的關連。

我們在生命中自然或者偶發的遭遇，大多數都可以在一個物質的因果層面找到解釋。譬如一個基督徒跟一個沒有信仰的人，都會有喜出望外的時候或所謂「頭頭碰著黑」的經驗。正如主耶穌說：「他叫日頭照好人，也照歹人；降雨給義人，也給不義的人。」(太五45)這方面，每個人的遭遇可以說都是平等的。

但當一個人企圖從信仰的角度去理解發生在自己身上的遭遇，並因此相信發生在自己身上的每一件事，都可以在一幅更廣闊的圖畫中找到有意義的關連，在這個意義上，生命中就沒有一樣事情跟信仰無關。如果生命的偶發性是在時序（*chronos*）中發生的事情，神的旨意就可以被視為生命中的機遇（*kairos*），兩者可以並行不悖。因此就連生命的偶發性，也可以成為神手中的一件工具。也是在這個意義上，我們或許可以憑信心說「在神凡事非偶然，都是祂計畫萬有」，就好像我們在亞伯拉罕、雅各、約瑟、摩西、以斯帖這些人身上，看見神可以在人尋常的遭遇中成就祂的旨意和作為。Ω

難道這次事件跟每日發生在伊拉克、巴勒斯坦街頭，或非洲、印尼、菲律賓某些山區部落的暴力虐殺有甚麼不同嗎？

在無情與濫情之間

“這兩天我們的心情很沉重，一閉上眼就想起菲律賓人質事件受害者的面孔，真是欲哭無淚，對於菲國警察和政府的無能和卸責也感到十分憤怒。從網上的一些討論中，得知有牧者還在提出有人質說謊話（騙槍手某小孩是她的親戚，讓他得釋放），和另一女人質「詐死」的問題。我覺得這些言論很涼薄，就好像幾年前南亞海嘯後有牧者說回教徒得懲罰一樣。究竟教會何時才可以較為成熟和人性化一點看苦難問題？”

又是一個只為表意而不必回答的修辭性問題（rhetorical question）。就像當年的反戰民謠：“Oh when will they ever learn?”並不是期望一個確切的答案，而只是慨歎他們總是學不會。

你的引述，是典型「蠓蟲你們就濾出來，駱駝你們倒吞下去」（太二十三 24）的經學教師和法利賽人的言論。我較少上網，不知道現在還流行這樣的說法；你肯定不是有人惡意杜撰出來，誣蔑牧者的名聲嗎？在學術的問題上，一個小學生理所當然地不能擁有與學者專家同等的發言權；在互聯網的世界裏，任何人都可以在「言論自由」的旗幟下發表偏見與無知的言論，甚至散佈仇恨與紛爭。

但在另一方面，路加福音十三章記載，有人來告訴耶穌，彼拉多的軍兵在耶路撒冷屠殺前來獻祭的加利利人，要看他怎樣反應。那在當時猶太人的圈子，是件天大的事情。耶穌卻相當冷靜地告訴他們：「從前西羅亞樓倒塌了，壓死十八個人……你們若不悔改，都要如此滅亡！」(路十三1～5)換作是在今天，特別是在強調同情共感、悲天憫人的教會圈子，他大概會被批評為冷漠無情。在他看來，那當時令人震驚及極具爭議的種族及宗教血案，跟其他不幸的意外，在本質上其實並沒有兩樣。

這個世界就是這樣，無論是地震海嘯、戰爭屠殺、絕症瘟疫，抑或只是一些文明法制鞭長莫及的強暴謀殺、「種族清洗」，如果受害者超過某一個數目，或者暴行依然每天在發生，以致媒體已沒有興趣去繼續「覆蓋」，那都只能是叫人感到遺憾和可惜的一堆數字。

這次幕後似乎還有故事的脅持旅遊車事件，經過不同的媒體全時間守候，搶先報導經證實或未經證實的最新資料，每分鐘即時更新的現場情況，再牽引出互聯網上七嘴八舌的討論，令原本只是一件不幸的尋常悲劇，成了一台任人觀賞並肆意評論的活生生的戲。

但難道這次事件跟每日發生在伊拉克、巴勒斯坦街頭，或非洲、印尼、菲律賓某些山區部落的暴力虐殺有甚麼不同嗎？電視上奧比斯的廣告，指出在印度每分鐘都有一位小朋友因為得不到適當的醫療而失明。如果我們用同樣的關注去看待身邊及遠方發生的每一件悲劇，那恐怕更沉重得叫人難以承擔。

在這個百孔千瘡的苦難塵世，我們確實無力用心去盛載每一個故事，特別當傳媒日以繼夜地將一幕幕血淋淋的現實、一個個無助的眼神鋪陳在我們面前。

讓我們至少活好自己的生命。Ω

「天要下雨，娘要嫁人」，反正事情就是這樣發生了。

Que Sera, Sera

“我最近聽到一個見證，一位藝人說她在外地遇車禍，同車的人有死有傷，她也受了傷，卻康復得最快，為此她說神救了她。我卻對此抱有疑問，難道神偏偏不救那幾個死傷者嗎？這樣神豈不是很偏心獨愛某些人？”

這個問題得從兩方面來看。首先，這位藝人遇上車禍，同車的人有死有傷，而她很快便康復過來，這對於她來說確實是個非常深刻的經歷。在同一輛失事的車上，生死只差一線；為甚麼這個死了，那個卻活過來？又為甚麼能夠救回的是她，而不是他？這些問題，試問又有誰能解釋？

畢竟，那些車禍身故的人，已經無法得知自己不幸的遭遇；仍然能夠發言的，自然都是倖存者。而對於一個自覺從火中撿回來的生命，他還能有甚麼不滿嗎？因此，主觀地覺得冥冥中得幫助、蒙眷愛，是絕對可以理解的。而倘若當事人因此更珍惜和善用自己往後的日子，那麼這經驗也總算發揮了積極的作用。

相反來說，如果那些不幸身故的人能夠發言的話，那麼他們大概會問：「人生幾許不幸，何必偏偏選中我？」或至少是：「為甚麼是我？」當然這也是個難以回答的問題。因倘若不是他而是她，又或者是任何遭遇這不幸的人，他們仍可以問那完全相同的問題：「為甚麼是我？」而倘若發生在任何人身上，都可以問完全相同的問題，這個問題便沒有多大客觀意義了。

天下雨的時候，你可以問太陽躲到哪兒了？天放晴的時候，你又可以問為甚麼不下雨？碰上了，你可以問為甚麼會碰上？錯過了，你又可以問為甚麼會錯過？這樣，你又期望一個怎樣的答案？最客觀的答案，只能是「天要下雨，娘要嫁人」，反正事情就是這樣發生了。

希治閣（Alfred Hitchcock）在一九五六年拍了一齣《擒兇記》（*The Man Who Knew Too Much*）。電影的內容固然已經沒有多少人記得，主角桃麗絲黛（Doris Day）和占士．史超域（James Stewart）恐怕亦已沒有多少人認識，但電影的主題曲"Que Sera, Sera"（"Whatever will be, will be"），卻奪了當年奧斯卡最佳原創歌曲獎，甚至上過英、美兩地的歌曲流行榜；時至今日，它偶爾仍被掛在不大可能認識這首歌的人的嘴邊。

這首歌的歌詞很簡單，卻道出了一個重要的人生道理：「當我仍是個小女孩，我問我媽媽，我將會如何？我會否漂亮，會否富有？她就這樣告訴我：Que Sera, Sera，事情將會如何，就會如何；將來非我們能預知，Que Sera, Sera，事情將會如何，就會如何……。」

問題當然是，這跟基督徒的一個普遍感受似乎有所矛盾：「在神凡事非偶然，都是祂計劃萬有！」但感受歸感受，關鍵終究在於是否與真相相符。我曾在別處提過生命的偶發性的重要。簡而言之，倘若一切都由神自編自導自演，生命就毫無意義可言，反正任何事情的發生，都不會有其他可能。但聖經說人是按神的形象被造，因此無論神以何種形式介入我們的生命，都不能越過這個重要的事實。生命的無常與偶發性，正是一切價值與自由的必要前設。

彼得曾好奇地向耶穌詢問約翰的將來，耶穌卻對他說：「我若要他等到我來的時候，與你何干？你跟從我吧！」（約二十一22）同樣，倘若神喜悅挽回一個人，又沒有阻止另一件事情發生，那又與你何干？讓我們活好自己的生命罷！ Ω

每天都有基督徒患病，有基督徒去世，就像其他人一樣。

基督徒憑甚麼要求豁免？

“我有一個朋友患了癌病，探病的時候聽到他教會一個弟兄說，這人患癌，是神要彰顯祂的榮耀，因為他的家人若誠心祈求，神必醫治他，而其他人就看見神的大能，從而相信祂了。我很懷疑這個看法，是否神要人患病受苦，才可以彰顯祂的榮耀？但類似的看法在教會很流行，不少傳道人也是這樣教訓我們的。”

這實在是一個值得研究的現象。當一個人信了耶穌以後，疾病，尤其是癌病、絕症，和死亡，彷彿在一時之間變得匪夷所思：基督徒哪會遇上這樣的事？神無非是要試試他、磨練一下他的信心吧？尤有甚者：「這人患癌，是神要彰顯祂的榮耀！因為他的家人若誠心祈求，神必醫治他，而其他人就看見神的大能，從而相信祂了！」他們煞有介事、胸有成竹，彷彿宣告親自從神那裏得到的諭旨一樣。只是這樣的「信心宣告」，卻一次又一次地落了空。每天都有基督徒患病，有基督徒去世，就像其他人一樣。

這樣的言論，倒叫我記起一些人對主耶穌的能力所提出的挑戰：「你這拆毀聖殿、三日又建造起來的，可以救自己吧！你如果是神的兒子，就從十字架上下來吧……他救了別人，不能救自己。他是以色列的王，現在可以從十字架上下來，我們就信他。他倚靠神，神若喜悅他，現在可以救他……」（太二十七 38～44）。這是當時，也是今天求神蹟的人所用的邏輯。要命的是就連基督徒也往往落入這種謬誤的圈套，彷彿我們需要滿足這樣的挑戰和質詢。

上面他們提到的說法，當然也不是沒有「聖經根據」的：「耶穌過去的時候，看見一個人生來是瞎眼的。門徒問耶穌說：『拉比，這人生來是瞎眼的，是誰犯了罪？是這人呢？是他父母呢？』耶穌回答說：『也不是這人犯了罪，也不是他父母犯了罪，是要在他身上顯出神的作為來。』」（約九 1～3）

上面所提出的「信心宣告」，明顯就是抓住這段經文的「應許」，相信神能夠並且必定彰顯祂的榮耀來。問題是，那段經文的重點，乃在於指出疾病或缺陷跟犯罪——無論是當事人抑或當事人的親人——沒有任何因果上的關連。如此而已。而「要在他身上顯出神的作為來」，亦不是任何人可以隨便說說的；那只不過是耶穌施行眾多神蹟中的其中一件。經文完全沒有暗示這可以普遍應用於所有病患的事例！

其實我亦曾在前文回應過類似的問題。那次我是在火車上聽到兩個人的對話:「一個人給醫好了，他們就大鑼大鼓，那更多沒有被醫好的人又怎樣？」他們當時所質疑的，正是這類基督徒絕處逢生的「見證」: 絕症得到醫治，到底是常態還是例外？會不會基督徒在絕症中的倖存率，其實跟一般的例外情況差不多？只不過那救不了的，我們就說神自有祂的美意；救得了的，我們便說那是神彰顯祂的作為！更基本的問題，是基督徒憑甚麼要求豁免？難道所有的宗教確實都只是一樁交易(參伯一9～11，二4～5)，為要得到非信徒得不到的「著數」?

類似的看法在華人教會很流行，並不代表那就是很正確。倘若這是傳道人普遍的教導，那就實在大大不妙。我們要問的是：這樣的說法，是不是得到聖經的驗證和客觀事實的支持？倘若不是，那很可能就是妄作見證，將基督信仰變成尋常民間宗教了！ Ω

不同的宗教體會，亦只會叫我們明白多一點生命的問題和限制，而不能輕易動搖我們內心所認定的方向。

給魔鬼留地步？

“最近教會到台灣旅遊，晚上我在房間看電視，有很多佛教節目，其中有一個法師講得不錯，解釋人世悲苦十分到肉。同行的教友叫我關機，因為這會動搖我們的信心，給魔鬼留地步，到底接觸其他宗教是否如此不應該？”

如果一個人之所以能夠「忠於」一個信仰，是因為他從來沒有機會，或者不被容許接觸其他信仰，這樣的忠誠又有多大的價值？又如果道教、佛教或伊斯蘭教這樣勸諭甚至禁制他們的信眾接觸其他宗教，我們又是否認為可以接受？

事實上這也是不少信主者曾經有過的經驗：小時候家裏拜偶像或信奉傳統宗教，為了某些原因(譬如說，恐怕身後沒有子女供奉)，家長嚴禁孩子參與任何其他宗教活動。那他們是不是就不應該接觸其他宗教，包括基督教呢？

當然，有時這樣的勸諭也是可以理解的。一些人信神拜佛就好像去市場買菜：昨天在教堂聽見悠揚的聖樂就覺得心裏大得安慰，立志要做個奉獻終身的信徒；今天在寺院聽到莊嚴的鐘聲又頓覺心無罣礙、五蘊皆空，萌生遁入空門的念頭；到明天聽說某西藏活佛靈驗非常，於是又醒悟到人外有人、天外有天，終於找到可以託付終身的宗教信仰。誰知道後天他們又會有些甚麼振奮的發現？

這樣，問題就不在於是否應該接觸不同的宗教，而是要問：到底當事人確實在尋找些甚麼？不然的話，就是到臨終，那張遴選的清單還是有不少可觀的選擇，而他們對於自己確實需要些甚麼仍然是茫無頭緒。

另外，苦難是人生難免的椎心經驗，對於人世間的悲苦，是任何有點經驗或「道行」的法師、牧師或算命師都可以講解得十分到肉的。有時聽的人因為認同前部分的講解，往往也就連後面未必有實在關係的結論亦照單全收。

這又該怎麼說呢？不同宗教信仰的人，都生活在同一個世界。而不同信仰的人，包括那些聲稱自己沒有信仰的人，都以自己認為是最理所當然的觀點，去理解這個世界並自己在其中的位置、角色。

只是這個世界包羅萬有，你可以想像到的可能性，幾乎都可以在其中找到支持的素材，建構成相當像樣的理據。因此，不同宗教信仰的人，一方面是活在同一個物質的外在世界，另一方面卻同時活在各自建構的主觀世界之中。

當然，這個世界的共有性，為這一切的解釋設置了一些客觀的界線和定限，並不容許人任意騎劫。因此，不同版本的解釋，表達於不同的世界觀及宗教信仰，就必須在這共同經驗的世界中去自我證實。

而對於我們來說，重要的就不是如何合理化不同宗教對人生的解說，而是設身處地去明白自己實存的處境，以確定自己在這短暫的塵世，要做的是甚麼。在這樣的前提下，祈克果（Søren Kierkegaard）認為，重要的是要找出自己可以誠實地相信的真理，一個可以安身立命的信念。

明白到這一點，我們就不容易被各色新奇的意念所迷惑。不同的宗教體會，亦只會叫我們明白多一點生命的問題和限制，而不能輕易動搖我們內心所認定的方向。相信亦是在這個基礎上，耶穌指出遵守祂道——也就是按著祂所揭示的生命實況去生活——的人，必曉得生命的真相（約八 31～36）；而因為這真相跟我們的存有相呼應，我們亦得以從容面對生命的實況（「得以自由」）！ Ω

信仰是要豐富我們對生命的體會，而不是取代我們對生命的體會。

生命先於信仰

“最近看了《禮儀師之奏鳴曲》，我很受它的劇情感動，哭了好幾趟。整齣戲沒有半句提過神或耶穌，但它令我對人生、對生死、對生命意義等有了更深刻的體會。我想問的是，沒有「基督教元素」的東西，可不可以幫助我們對神有新的了解？相反來問，是否只有「基督教」的東西，才可以啟導人認識神？”

《禮儀師之奏鳴曲》是一齣相當溫馨的小品，除了有一兩個「笑位」之外，的確拍得平實感人，完全沒有譁眾取寵的感覺。這齣電影讓我感到實在的，是它如實地對待死亡的態度。沒有迴避，也沒有虛飾，充滿了尊重和同情。坦白說，這種態度甚至在基督教的安息禮拜中亦不多見。

使徒保羅用「在基督裏睡了的人」去形容死去的信徒，確實為信徒帶來不少安慰與盼望。但有時對復活不適當的強調，往往沖淡甚或抹殺死亡的真實性：「好了，好了，不過睡了而已，很快就會醒過來，又難過些甚麼？」這種態度推到一個極端，就是否定生命的一次性以及不可逆轉性：反正來生才是「正場」，此生也就不必太過認真。

但正如潘霍華（Dietrich Bonhoeffer）曾經正確地指出，只有當一個人珍惜生命，並彷彿沒有這生命就沒有了一切，他才可能相信復活以及那永遠的生命。畢竟，倘若死亡不是問題的話，復活又有甚麼意思？而倘若永生就只是現世的無限延伸，那恐怕就連現世的意義也給淘空了。這是不少近代歐陸文學探討過的問題。

你提出的問題，相信也反映了一般基督徒未經反省的假設：只有「基督教」的東西，才能令人對人生、對生死有更深刻的理解和體會；也只有「基督教」的東西，才能啟導人認識神。

那當然不可能是事實。生命是信仰的基礎與前設。我的意思是，必須先有生命，我們才可以對它有所體會、有所理解，甚至從而萌生有關的信念。反過來說，對生死或生命意義沒有深刻的體會，我們根本不可能對信仰有正確的理解。或者說，信仰根本就沒有存在的必要。

我們的問題，往往亦在於當我們對生命還沒有甚麼屬於自己的體會之前，就已經被灌輸有關的「正確信念」，以致這些「正確信念」，反倒成為我們體會生命的絆腳石：在我們真正對生命有所體會之前，我們就已經對它了如指掌！其荒謬性就像我在別處提過：在我們未知道問題之前，我們就已經有了答案！

耶穌在福音書中指出了一個非常重要的信仰原則：「安息日是為人而設立的，人不是為安息日設立的。」（可二27）換句話說，安息日本身並沒有獨立自足的存在原因，以致人們必須不問緣由地無條件遵守；它的存在是基於一個既定的目的，並且完全是為了人的緣故。同樣，信仰本身亦沒有獨立自足的存在原因，要求人不假思索地接受；它的存在，是因應人們具體的處境和需要，提供一個思考的角度和理解的方向。

信仰是要豐富我們對生命的體會，而不是取代我們對生命的體會。Ω

II.

宗教經驗的曖昧性

聽起來是屬靈的，不一定是屬靈。

能夠堂堂正正、簡簡單單地做一個人，一個透過成為肉身的基督而重新確定神的形象的人。

做人的意義和目的

“我想問甚麼是榮耀神的生命？榮耀神和見證主又有甚麼分別？我常覺得自己很卑微，做人做事都沒甚麼成就，這是否不能榮耀神呢？”

一六四三年，英國國會指派威斯敏斯特會議（Westminster Assembly）制訂了綜合英國改革宗信仰要旨的〈威斯敏斯特信條〉（*Westminster Confession*）。及後於一六四七年更制訂了兩個版本的〈威斯敏斯特教理問答〉(*Westminster Catechism*)，即為啟導初信者的簡易版本，以及較為精確和全面的版本。它開宗明義第一條問題就是：「人最主要的目的是甚麼？」而答案亦很簡潔：「人最主要的目的是榮耀神，並永遠享受祂。」

這個答案精妙之處，在於它包含兩個部分：客觀的和主觀的部分。

客觀的部分是，人存在最主要的目的，乃在於榮耀神(羅十一36)。這是大多數人自覺或不自覺地都會做的，因為這也是萬物受造的主要目的：「諸天述說神的榮耀；穹蒼傳揚祂的手段。這日到那日發出言語；這夜到那夜傳出知識。無言無語，也無聲音可聽。它的量帶通遍天下，它的言語傳到地極。」(詩十九1～4)就正如早上的朝陽、黃昏的落霞，田間的野花、空中的飛鳥，自然界的幻變，以及整個生態的循環，都在無聲地讚頌著神創造的奇妙。

而人類作為惟一有神形象的受造物，當為整個被造界中最精妙的創作。透過神的托管，人類甚至參與建設和改造這個地球大家園。大如至今仍然屹立於世界各處的文明古迹，普通如對土地江河的開發、在曠野不毛之地建設城市、改善和美化這個世界的面貌，在在都叫人感到讚歎，如此也就滿足了榮耀神的目的。當然，這些偉大的建設，有不少都是透過強逼和奴役等不人道的手段而完成的，卻不能因此否定其價值。人在本質上的卓越是毋庸置疑的；道德上的不堪，卻是另一方面的問題了。

這也就帶到這個答案的主觀部分。當諸天述說神的榮耀、萬物彰顯神的能力和智慧的時候，它們對於創造自身的神，可能毫無意識和知覺。它們只不過是按著既定的規律循環運轉，或順著所賦予的本能天性，在被命定的位置上，發揮著它們被設計的功用。水源若過於充盈，就會引致山洪暴發；動物若餓了，就要尋找可吞吃的獵物。當中並不牽涉道德的對與錯。在整個受造界之中，惟獨是人類震懾於宇宙穹蒼的偉大浩瀚、自覺到本身受造的奇妙可畏，並享受與神同在的自覺和可能。

當然，伴隨著這份知覺和自覺而來的，是我們有順從或對抗神的旨意的可能。這也牽涉到聖經最核心的主題：犯罪與救贖。容許我就不在這裏重複那些基礎的教義了，但作為一個基督徒，我認為最基本的並不是去履行所屬門派的宗教義務，而是能夠堂堂正正、簡簡單單地做一個人，一個透過成為肉身的基督而重新確定神的形象的人。

那我們到底要做些甚麼，才可以榮耀上主？*The Mind of the Maker*（1941）的作者塞耶斯（Dorothy Sayers）指出：「教會跟現實最脱節的，莫過於她對世俗志業缺乏了解和尊重。教會對一個聰明木匠的態度，往往就只是規勸他在工餘不要醉酒和放縱，並要在主日上教會。教會其實應該這樣告訴他：他的宗教對他最首要的要求，就是他必須造出

扎實的桌子。」使徒保羅更指出：「所以，你們或吃或喝，無論做甚麼，都要為榮耀神而行。」（林前十 31）

倘若就連吃喝這樣卑微瑣碎的事情都可以榮耀神，那麼我們還需要甚麼成就去榮耀和見證祂呢？ Ω

誰又有條件和能力，去論說或證明這個先於他們而存在的世界呢？

到底要證明甚麼？

“有一次和朋友參觀馬灣方舟館，他說方舟是神話故事，因為根本沒可能把世上所有生物都帶進方舟。但最近讀報得知發現了方舟殘骸，如果屬實，那就證明聖經是真實的，這對傳福音有很大幫助，你同意我的看法嗎？”

不少信徒和非信徒對這類考古發現感到困惑，是因為這樣重要的考古工作，總是由一些有心但外行的人士來策劃和執行；而所發現的結果，亦鮮有邀請具學術地位和經驗的學者或機構作進一步的鑑證確認，更甚少聽到這些發現在有分量的學術期刊發表。就是那聲稱經過碳 14 化驗的木頭樣本，負責人亦似乎未曾公開過有關的具體資料。

在科學研究的領域，信仰羣體必須跟學術機構建立監察制衡的機制，以確保所聲稱的事實具客觀的誠信。否則，就難免蒙上一層可疑的陰影。

過去，聖經學者及考古學家對這類鬨鬧大都一笑置之、不予置評，免得反而造成宣傳的效果。但現在，他們卻憂慮他們的緘默或許對整個考古學領域的信譽造成損害，叫人分不出考古研究跟《奪寶奇兵》(*Raiders of the Lost Ark*)或《達文西密碼》(*The Da Vinci Code*)到底有甚麼分別。

佐治華盛頓大學的考古學者艾力．克林(Eric Cline)指出：「就因為你在北極找到純鹿的骸骨，並不等於你證明了聖誕老人的存在；同樣，就因為你找到一條船，亦不等於你證明了洪水。而就這個事例來説，國際挪亞方舟事工甚至尚未證明他們找到一條船！他們找到了木塊。在土耳其的一個山頭找到木頭的結構，並不等於你找到了挪亞的方舟。」

「方舟事工」明言：「尋找方舟對我們來説，希望為罪、為義、為審判，領人早日信主，達致傳福音效果。」但這傳福音的執著和熱誠，對於認真的科學探究卻不一定有好處。

克林解釋：「如果我們（學者）找到些甚麼，我們會按著它本身的特質去衡量它的價值，而不是很快就跳到我們已經找到我們所要的結論……這不是説我們這些專業的考古學者比他們更為精湛或優良，而是我們受過訓練，將我們的科學跟我們的信念分開來處理。」

而我要繼續問的是，就是找到了挪亞的方舟，那又證明了甚麼？或許可以證明創世記有關方舟的記載並沒有胡扯，卻無法證明在方舟上是否也包括北極熊和華南虎，以及那次毀滅性的大水所影響的具體範圍，更遑論「證明」有關創造的論述或救贖的計劃。畢竟，當創世記說「起初神創造天地」的時候，我們所認識的人類根本還未曾存在。這樣，誰又有條件和能力，去論說或證明這個先於他們而存在的世界呢？

我想說的只是：有關天地的來由，以及生命的意義這類前科學（pre-scientific）及形而上（metaphysical）問題，是屬於哲學和啟示的範疇。考古和科學確實有其重要的貢獻，只是在它們範圍以外的，就不要勉強它們去證明了罷。Ω

或許，我們的對不一定需要去證明別人的錯。

究竟誰是誰非？

“我所屬的教會最近參加了全港性的「啟發課程」（Alpha Course），傳道人和我出席聯合祈禱會。介紹此課程的牧師大聲疾呼的説傳福音要激烈，祈禱也要激烈，不可以細細聲的，因為天國是激烈的人才可以挺進去。我很不明白他的説法，覺得完全沒有聖經根據，但在場的人似乎很受感動，大力拍掌附和。究竟是我錯，抑或他們搞錯？”

傳福音有時是大聲疾呼、有時是溫柔委婉，有時需要動之以情、有時則要說之以理，並沒有一定的規格或情緒要求。耶穌在雅各井旁跟那黃昏來打水的婦人談道，就沒有很激烈的情緒；保羅在雅典向那些拜偶像的羣眾呼籲，情詞懇切，可能也需要大聲一點，但基本上也是相當理性的。介紹課程的牧師大聲疾呼，大概只是一種演說的技巧（rhetoric），想挑起與會者的激昂鬥志吧？香港人上慣街，對於這種技巧理應不會太過陌生。從在場的人大力拍掌附和看來，他們不都依足了劇情的要求嗎？

從這個角度來看，就不是簡單你對我錯的問題。耶穌在論到面對試探的時候，也曾「去得很盡」地說：「若是你的右眼叫你跌倒，就剜出來丟掉，寧可失去百體中的一體，不叫全身丟在地獄裏。若是右手叫你跌倒，就砍下來丟掉，寧可失去百體中的一體，不叫全身下入地獄。」（太五 29～30）倘若我們都認真地照字面的意思去實踐這個教訓，恐怕肢體殘障就要成為基督徒的標記了。

不過，當然我明白你的感受。我也不喜歡太情緒化的集體表現，尤其是不少人誤將情緒的亢奮當作聖靈的感動，於是在聚會中極力去挑動羣眾的情緒。這種人為的心理操控（psychological manipulation），只會帶來短暫的亢奮和隨後的精神虛脱，長遠來説對屬靈生命並無裨益。聽説有一位弟兄隨團到韓國祈禱山「取經」，得到很大的「復興」，回港後精神卻表現得有點異樣，聲稱被耶穌的靈充滿，將自己關在房內不肯見人，最後更跳樓自盡了。

明顯地，最後導致這位弟兄自殺的，大概只是他本身的精神問題。只是在不斷鼓動情緒的氛圍下，有隱性精神問題及情緒較為脆弱的人，就容易不自覺地將自己暴露在危險的境地了。

當然，作為教會的領導，教牧長執也不可能因此而拒絕容許感情的自然流露。事實上，福音書亦曾經提過另一個我們熟悉的極端：「我可用甚麼比這世代呢？好像孩童坐在街市上招呼同伴，說：我們向你們吹笛，你們不跳舞；我們向你們舉哀，你們不搥胸。」（太十一 16～17）這確實是一些教會的具體寫照。倘若為了迴避任何可能出現的偏差，禁止一切感情的自然流露，弄得教會暮氣沉沉，了無生機，也確實可能扼殺了聖靈的工作。

這又怎麼樣呢？有人說愛是律法的總歸，因此是超乎一切的大原則；有人則說愛太過廣泛和抽象，落實在社會的層面，就是爭取社會公義。我有位好朋友，著書力證安息日才是整個啟示的核心；有人則簡單地奉獻一生宣教傳道，甚至客死他鄉。究竟誰是誰非？甚麼才是淩駕一切的最後真理？正如使徒保羅感歎：「我們如今彷彿對著鏡子觀看，模糊不清。」（林前十三 12）或許，我們的對不一定需要去證明別人的錯。當我們努力實踐自己真正的信念，並尊重別人不同的體會，就像一個大的交響樂團，在那獨一的指揮棒下，總能奏出美妙的樂章。Ω

我們稱之為「奉獻」而不是「會費」，表明這舉動雖然是尋常的人間事情，對象卻是那位掌管萬有並厚賜百物的神。並且這完全是出於愛與自願，而不是對規章戒律的遵守。

信徒該如何看待奉獻？

“我自幼在教會長大，對奉獻的意義都算清晰。至少，也知道瑪拉基書中有關什一奉獻的吩咐。但近日與傳道人傾談，卻聽說瑪拉基書三章 10 節其實是指當時以色列人納税給政府的問題。牧者説那是讀神學時聽來的。那麼，我和其他信徒一樣，一直所認知的聖經真理，原來有如此的偏差。

這次分享讓我有兩個感受。第一，我開始懷疑究竟信徒是否需要奉獻？倘若説奉獻是個人與神的關係，那就用不著別人理會和監察。而且，新約沒有提到什一奉獻，若果一定要奉獻，那麼早在十誡中便應有此一條。但福音書提到最大的誡命，是愛神和愛人……這樣的話，好像奉獻不是必然的事。而奉獻既是對神的回應，也應是一種愛的付出吧，所以耶穌才會如此看重那窮寡婦奉獻兩個小錢的心意。但比較上段較「權威」的說法，使我感到混淆了。

第二，上述說法顯示我們宗教學術上有少許將知識據為己有的感覺，對信徒有一套「四海皆準」的解釋，而在牧者甚或神學院的圈子，卻有另一套可能是「更加準確」的解釋。對信徒說來，到底哪一樣才是準確無誤的真理呢？難道當今教會正在走回頭路，重犯舊日天主教的弊端，不讓信徒真正明白聖經？”

瑪拉基書論到的什一計算方式，確實有它具體的社會背景。不少教會沿用十分之一的比例，是因為它是一個方便實踐和相對上容易負擔的金額數字，不像那窮寡婦在絕境中仍然獻上了她的所有。

正如社會需要徵收税項以應付政府的日常開支，社團需要收取會費以維持基本行政運作，教會作為一個非牟利的信仰羣體，當然也需要經費去維持其日常運作以及事工的開支。我們稱之為「奉獻」而不是「會費」，表明這舉動雖然是尋常的人間事情，對象卻是那位掌管萬有並厚賜百物的神。並且這完全是出於愛與自願，而不是對規章戒律的遵守。一些教會視之為信徒絕對的準則，大概只是出於實際開支預算上的考慮，或以之為強制性的屬靈操練；但若將相對的數字提升到真理的層次，最終必對聖經在其他範疇的權威性造成傷害。

是不是要奉獻，又或者該奉獻多少，不必去到十誡的層次罷？以奉獻的數目去衡量一個人固然不當，但無論從任何角度來看，愛跟付出幾乎是無法分割的。你愛一個人，就必然會為他付出。因此，無論是教會內部的需要，抑或外面叫我們感到觸動的人和事，都很自然地驅動我們付出我們的精神、時間和金錢。

信徒當然需要奉獻。客觀上教會是基督的身體，信徒作為肢體，當然有責任去分擔她的需要。而在主觀上，我們的財寶在哪裏，我們的心往往也在那裏。你說你愛神，那你的精神、時間和金錢又是用在甚麼地方呢？

最後，你提到真理的「普及版」與「專業版」，有時確實令人感到困擾。不過考慮到信仰羣體在悟性及理解能力的差距，只要牧者不是故意隱瞞甚或誤導，適度的簡化大概亦可以理解。Ω

「這就是領你出埃及地的神」的信心宣告，並不改變他們偏離正道的事實。

屬靈迷信

“我最近搬家，教會一位姊妹建議我請牧師到新居祈禱祝福，她提到牧師的「潔淨禮」將令新居有聖靈保守。我原本沒有這個想法，但聽了之後又擔心若果不請牧師來祈禱，是否會欠缺了些甚麼？”

有關潔淨的禮儀，在舊約聖經特別是摩西五經中確實經常被提及。而潔淨與不潔淨，很多時又跟神的揀選、分別為聖等觀念息息相關。透過種種潔淨的禮儀、獻祭的繁文縟節，神讓他們從外在的儀式細節，認識到背後所指向的實體真相。正如希伯來書指出：「他們供奉的事本是天上事的形狀和影像」(來八 5)，但「律法既是將來美事的影兒，不是本物的真像，總不能藉著每年常獻一樣的祭物叫那近前來的人得以完全」(十 1)。最終來說，我們是「因耶穌的血得以坦然進入至聖所……就當存著誠心和充足的信心來到上主面前」(19～24 節)，不再需要其他的媒介中保。

論到舊約的律法、禮儀，保羅說：「這因信得救的理還未來以先，我們被看守在律法之下，直圈到那將來的真道顯明出來。這樣，律法是我們訓蒙的師傅，引我們到基督那裏，使我們因信稱義。但這因信得救的理既然來到，我們從此就不在師傅的手下了……現在你們既然認識神，更可說是被神所認識的，怎麼還要歸回那懦弱無用的小學，情願再給他作奴僕呢？你們謹守日子、月份、節期、

年份。我為你們害怕，惟恐我在你們身上是枉費了工夫。」（加三 23～四 11）

保羅「憑著主耶穌確知深信，凡物本來沒有不潔淨的；惟獨人以為不潔淨的，在他就不潔淨了」（羅十四 14）。

本來新居入伙，請一眾親屬友好、主內肢體暖暖屋子確實是美事，甚至請教會牧者來感恩祝禱一番也無不可。但倘若以為得到牧師為新居祈禱祝福，就像高僧道士開光作法那樣，好讓新居得到聖靈保守，那就不啻將不能朽壞的神變為偶像，彷彿必朽壞的世俗神明。將「家宅平安」改為「聖靈保守」，並不改變偶像崇拜的實質。

這讓我記起昔日摩西帶領以色列人出埃及，以色列人卻因為在埃及為奴太久，習慣了埃及的風俗文化，常常覺得那位不可見、不可摸，永活獨一的神不夠踏實，屢屢要求更具體實在的擔保和承諾。後來，摩西上西奈山領受律法誡命，遲遲沒有下來；苦於以色列人的步步進逼，亞倫終於妥協讓步，用他們「自由奉獻」出來的貴重金屬，為他們鑄了一隻金牛犢，對他們說：「以色列啊，這是領你出埃及地的神。」(出三十二4)看見這樣實實在在、金碧輝煌、氣勢磅礡的形象，他們心裏不僅變得踏實，同時也被牽引將神的榮耀變為偶像。而「這就是領你出埃及地的神」的信心宣告，並不改變他們偏離正道的事實。

聽起來屬靈的，不一定就真是屬靈，要小心辨別啊。Ω

有病就得看醫生，似乎就連主自己也認為是理所當然的。

甚麼人需要「禱告服事」?

“有朋友帶我返教會，該教會很強調禱告服事，每次聚會都有一大段時間有很大聲的禱告，又叫患病和心口不舒服的人站起來接受按手禱告。我有一個妹妹最近患了癌病，我可以帶她去教會接受禱告服事嗎？”

坦白說，對於「禱告服事」，我是有點不以為然的。起碼這聽起來確實有點阿諛的味道：「你來，讓我用禱告來服事你。」這樣的説話，就是複述起來也感到混身不自在。在實際上，這「禱告服事」當然只是一種信徒間的彼此代禱，雖然以禱告去「服事」人的，往往是教會的教牧或長執。他們的動機，或許只是出於體貼，主動以禱告去安慰和扶助那些軟弱的信徒。這樣的動機當然不能説是錯，卻不應誤導人以為他們有特殊的醫病恩賜和能力，從而產生錯誤的期望。

在聖經中，我們看見相關的教訓是「你們中間有受苦的呢，他就該禱告；有喜樂的呢，他就該歌頌。你們中間有病了的呢，他就該請教會的長老來；他們可以奉主的名用油抹他，為他禱告。出於信心的祈禱要救那病人，主必叫他起來；他若犯了罪，也必蒙赦免」(雅五 13 ～ 15)。這大概就是「禱告服事」的聖經根據罷。而受苦時向神傾訴苦情，喜樂時開口歌頌，實在也是挺自然的。

可是，他們中間有病的，使徒雅各為甚麼不勸他們去找醫生，而去找教會的長老呢？有病就得看醫生，似乎就連主自己也認為是理所當然的（太九 12）。這裏會不會暗示，那只不過是一般查不出具體病因的身體不適，特別是年老體虛甚至與犯罪有關（雅五 15）所引致的健康問題？亦正因為這個緣故，這抹油禱告的「服事」，往往需要教會的長老到病者的家中，而不是在教會聚會中進行。

再者，雅各進一步指出：「所以你們要彼此認罪，互相代求，使你們可以得醫治。義人祈禱所發的力量是大有功效的。」（雅五 16）這裏似乎指出，一些疾病，跟當事人的屬靈狀況似乎有相當密切的關係；透過認罪與代求，這緣於心靈的疾病，也就可以得到釋放與醫治。而心中沒有詭詐的「義人」，他們發出的禱告，特別得到神的垂允。

只是，有些標榜「禱告服事」的教會，「每次聚會都有一大段時間有很大聲的禱告，又叫患病和心口不舒服的人站起來接受按手禱告」。我不知道他們當中是不是真有醫病恩賜的信徒(參林前十二 28～31),但正如主耶穌曾說:「你們禱告,不可像外邦人,用許多重複話,他們以為話多了必蒙垂聽。」(太六 7)同樣,禱告的功效也不在於大聲;重要的是病人最終是不是得到醫治。

你當然希望用盡一切的方法去幫助你的妹妹。但是她最需要的,恐怕是準確的斷症和治療,並對生命有一個正確的態度和盼望。如果你覺得教會的禱告可以讓她得到鼓勵和安慰,那當然值得那樣做。但如果只會讓她產生虛假的期望,那就大可不必了。Ω

事實上缺乏一個有效的審視角度、深刻的信仰反省，基督徒之間的分享，往往就只流於「事項」的交代以及情緒的宣洩。

19 分享的困局

“我是一個大學生，但比較少返大學團契，覺得他們關心的話題很幼稚，又很內向；現在的崇拜聚會很少找講員來講道，除了敬拜，就是一天到晚的分享，但我愈來愈對「分享」有恐懼症，有時真的不明白基督徒為甚麼如此熱中於「分享」，雞毛蒜皮的事情也說一大輪。聽一些師兄師姐說，以前的大學團契常談國事時事，也常請楊牧谷、梁家麟、李思敬、吳思源等人來演講，但今天通通沒有了。我該如何令自己靈命增長呢？”

沒有人能夠令自己的靈命增長。受現代自助(self-help)心理學的潮流影響，我們很容易早晚拿把尺去量度自己的靈命又長進了多少。我們相信只要依循一定的方法和步驟，成效是可以預計並且得到保證的。一切都有一個可資量度的客觀標準。

這讓我記起前陣子在旺角警處內發生駭人的警員強姦案，而警方的對策，竟然是成立一個「誠信管理委員會」，「在總區及不同警區有專人負責相關事務，亦會委任誠信主任，執行總部要求在誠信方面的政策」。誰都知道這完全不管用，但你卻不能說他們沒有回應問題。

同樣，如果教會發現基督徒的靈命停滯不前，或者流行某些不正之風，現今的對策大概是委任幾個教牧長執，成立一個信徒靈命關注委員會，去研究問題並提交報告，再開幾個專責「靈命關顧」的新職位跟進。這是現代人特有的割裂思維方式。

到今天我仍然記得杜尼耶(Paul Tournier)在這方面的意見:「倘若你園子裏的蘋果樹不結果,你不能歸咎它,說它的態度不正確。對生命的熱愛是生命其中一個自然表彰。你亦不能企圖去製造蘋果;它們要自己生長出來。你要做的就是將你的全副精力放在照顧你的蘋果樹上,使土壤肥沃,消滅一切寄生蟲——簡單來說,就是為它提供一個有利的生長環境。那天然的液汁,生命的洪流,必然會重新湧流。」

至於前面提到對「分享」的恐懼,無獨有偶,最近我亦聽到一些大專基督徒抱怨小組生活無聊。於是我問:是甚麼令基督徒之間的分享變得瑣碎、無聊,而放棄了思考反省的要求?大專基督徒又為甚麼要花時間在教會的恆常聚會以外,參加多一個聚會?事實上缺乏一個有效的審視角度、深刻的信仰反省,基督徒之間的分享,往往就只流於「事項」的交代以及情緒的宣洩。這樣,說多了自然就變得無聊囉唆，甚至敬拜亦流於一種了無新意的重複。

在發問裏提到的那堆名字，都是對信仰有比較扎實和通透的見地，並嘗試如實去面對問題的前輩。希望從他們身上獲得啟迪固然是好，但作為一個大學生，與其一味盼望得到餵養，不如嘗試以他們為榜樣，落實做點功夫，成為一個有能力獨立思考的人，衝擊一下這個叫人窒息的悶局！聽說他們唸大學的時候，都已經是很難纏的傢伙呢。Ω

如果他們是誠實地相信自己所言，那麼他們的精神狀況就十分令人憂慮。

異象抑或幻象？

“我教會的牧師和師母，近幾年不斷宣告有新的靈性復興運動，兩年前信誓旦旦的説要籌款五百萬元，每年培訓幾百個全時間敬拜的年輕人，後來不了了之。現在又說有新的恩膏，説神給他們看見向學生宣教的異象，差派十萬名青年宣教士到世界各地。我很擔心他們信口雌黃，但又有不少人相信，我們究竟該如何看待這些「異象」？”

「耶和華説：『你們且聽我的話：你們中間若有先知，我—耶和華必在異象中向他顯現，在夢中與他説話。』」（民十二 6）而這些「異象」，通常是透過被揀選的媒介，預示將要來到的毀滅（賽二十一 2）或拯救（詩八十九 19），讓人可以及時醒悟過來，或抱著盼望和憧憬去面對將來。也是基於此，就有「沒有異象，民就放肆」（箴二十九 18）的説法。

作為一種訴諸人類集體潛意識（collective unconsciousness）的象徵性語言，「異象」多涉及一個族羣的遠象或未來。譬如神在異象中向亞伯蘭論及他後裔的繁多，並將在埃及為奴四百年（參創十五章）；在焚燒的荊棘中神向摩西顯現，差遣他帶領以色列人離開埃及，到所應許的流奶與蜜之地（參出三章）。特別是舊約的以西結書、但以理書和新約的啟示錄，基本上都是關於「異象」的啟示文學。

在新約聖經，掃羅在往大馬士革的路上看見異象而三日不能看見（參徒九 1～9）；另一方面，在大馬士革的亞拿尼亞，則在異象中聽到主的指示去接待掃羅（參九 10～17）。義大利營的百夫長哥尼流在禱告中看見異象，神要他差派人往約帕去邀請使徒彼得來；在另一邊廂，彼得在房頂禱告的時候魂遊象外，看見異象卻不明白異象的意思，正躊躇的時候，哥尼流的人已到了他的門口（參十章）。這樣看來，「異象」就不是一廂情願的主觀幻想或個人願望，而牽涉一定的客觀配合和印證，並落實為具體的行動。

依照你的描述，明眼人都應該看得出，如果他們是誠實地相信自己所言，那麼他們的精神狀況就十分令人憂慮。隨著社會的進步，無知婦孺的減少，相信這些伎倆的人應該愈來愈少。因此，值得關注的，反而是為甚麼這樣的信口開河竟然仍有「不少人相信」？難道他們連香港電台的《警訊》都沒有看過嗎？如果這是反映信徒普遍的分辨能力和質素，那就確實十分值得令人擔心了。

人們不敢質疑一些匪夷所思的空話，大概是因為這些話往往都是奉神的名說的。但神卻已明言：「那些先知託我的名說假預言，我並沒有打發他們，沒有吩咐他們，也沒有對他們說話；他們向你們預言的，乃是虛假的異象和占卜，並虛無的事，以及本心的詭詐。」（耶十四14）至少，正如神讓掃羅和哥尼流見了異象，也必讓亞拿尼亞和彼得有所配合。如果你聽到甚麼人分享「異象」，心底卻毫無感動，那大概就與你無干了。Ω

肉身的主卻已經離開世界兩千多年，信徒要愛祂，確實是有點不一樣。

21 愛主，怎樣愛？

“我最近返教會，是朋友帶我去的，常聽到牧師教訓我們要愛主，這好像很抽象，我知道甚麼是愛人，甚麼是愛錢，甚麼是愛吃東西，但「愛主」又是甚麼呢？有何行為表現呢？你可否給我指引。”

這是個很有趣的觀察。在不同的語系中，「愛」都有不同層次的意思。一家連鎖快餐店就曾經以「我就是愛它」

作為他們全球的宣傳口號。但既然你說你知道甚麼是「愛人」，當然也知道那跟「愛錢」和「愛吃東西」是完全不同的兩回事。只是你最近才跟朋友返教會，大概就僅僅知道「主」是指耶穌；不明白為甚麼要愛祂、以及怎樣去愛祂是可以理解的。另外，我們懷念離世的親友，是因為我們曾經跟他們有過具體實在的交往；肉身的主卻已經離開世界兩千多年，信徒要愛祂，確實是有點不一樣。

我亦觀察到，有些教會喜歡用「愛主」去形容一些行為良好的模範信徒。我們可以說一個人很老實、有禮貌、熱心事奉、樂意奉獻，是個「好好先生」、甚至是「有愛心」，那些都是我們看得見的。但正如個別部分的總和，並不一定等如一件事情的整體；說一個人「很愛主」，會不會是說多了？難道我們可以看穿他們的動機和內心嗎？我看，這跟上一代華人信徒的屬靈傳統有莫大的關係。

譬如蘇佐揚的《天人短歌》，就塑造並反映了一整代華人信徒的屬靈氣質。他那首《你愛主嗎？》曾經叫不少信徒熱淚盈眶。詩歌的背景，是約翰福音二十一章，主耶穌復活之後在提比哩亞海邊向門徒顯現。那時，耶穌讓門徒認出祂來，並針對彼得早前在官府三次不敢認祂，三次問他同一個問題：「你愛我嗎？」那是一段令人動容的記載。

不過，對於不熟悉教會文化的人來說，上面的問題也正好點出了教會語言的含糊性。譬如我們說教會是個「愛的羣體」，於是各人也就按著各自對「愛」的理解和體會，投射出對這個羣體的期望。而一般來說，這種理解比較傾向感性，亦隨之而帶來種種相關的問題，譬如信徒普遍容易感情受傷、敬拜詩歌甜膩膩軟綿綿、教會比較不容易挽留男性、講壇因為體貼信徒而迴避「太硬」的信仰問題，到最後形成一個牢固的惡性循環，就是想回頭，也不知道該從哪裏開始。

魯益師（C. S. Lewis）論述的四種愛（the four loves），

就指出信仰中神與人之間的愛，並不是一種羅曼蒂克甚至是朋友的愛；神作為生命的基礎和根源，愛（*agape*）是無條件的信任和依賴。在舊約聖經的傳統中，這關係具體表彰於：「以色列啊，現在耶和華—你神向你所要的是甚麼呢？只要你敬畏耶和華—你的神，遵行他的道，愛他，盡心盡性事奉他。」（申十 12）而事實上這也是貫串新約聖經的信仰總綱：「你要盡心、盡性、盡意愛主—你的神。」（太二十二 37）

既是這樣重要的一個主題，你就用點時間慢慢去揣摩吧。Ω

裝模作樣地彼此交換一句「耶穌愛你」，是不是有點空洞抽象、矯揉造作、敷衍了事？

花言巧語

“教會最近流行一句話：「耶穌愛你！」牧師叫我們和身旁的人握手時大聲説這句話。但我覺得難開口，很彆扭和尷尬，究竟這是我的問題抑或這句説話的問題？”

或者是受了現代「做秀」的傳媒文化影響，不知道從甚麼時候開始，教會的大小聚會就像一個個的「特備節目」，聚會的主席就像個電視節目的主持，每次總要刻意地弄點

「搞氣氛」的小噱頭，就差點沒有先來兩個「破冰」遊戲。但這真的需要嗎？除了令人厭煩，感到忸怩不安之外，對聚會和參與的人恐怕根本沒有半點好處。

我有一個有趣的感覺，就是有些崇拜主席或教牧長執，往往憑藉著別人不便提出挑戰的位置，將會眾視作未成年的主日學學生去舞弄。上面提出的是一個例子。你說你感到尷尬和彆扭嗎？他們就會指出你不應以耶穌為恥！甚至引經據典地指出，「凡在人面前不認我的，我在我天上的父面前也必不認他」（太十 33）！這些胡亂引用聖經的人，實在是叫主的名蒙羞。

當然，這樣的引用是明顯地文不對題。情況就好像你的朋友可以告訴他的女友他很愛她，但如果請你代為轉述，就有點難為情了。難道你感到難以啟齒，就代表你不夠朋友？只是為勢所迫、騎虎難下，你也就只好勉為其難、強顏歡笑、尷尷尬尬地順命而行。這樣做的效果，當然並沒有叫彼此大得安慰、甜在心頭，而只是口不對心、虛偽造作地草草了事。

單單掛在嘴邊的「耶穌愛你」，不免令人覺得有點甜言蜜語甚至花言巧語的感覺。就聖經來說，它確曾直言「神愛世人」，其後果就是差祂的獨生子到苦難困乏的世間來，尋找拯救失喪的人；至於耶穌，祂亦從來不是一個常常將這些甜膩膩的話掛在嘴邊的人。祂提醒祂的門徒：「你們若有彼此相愛的心，眾人因此就認出你們是我的門徒了。」（約十三35）那亦是關乎實踐而不在乎言說。裝模作樣地彼此交換一句「耶穌愛你」，是不是有點空洞抽象、矯揉造作、敷衍了事？這樣，我們感到尷尬和彆扭，甚至覺得有點肉麻，就絕對可以理解。

更要命的，是那些每星期不知道從甚麼地方鑽出來的敬拜詩歌。我當然不能一概而論，但有些詩歌的內容八成以上都是形容詞，神學思緒紊亂，唱得人迷迷惘惘不知所云也就算了，作者還經常以第一身去宣告神的心意，而那些宣告卻不見得有甚麼聖經的根據。若果有人有甚麼異議，他們就來一句「難道神就不配得我們這樣稱頌嗎？」這不禁教人想起金庸筆下日月神教的嘍囉，對教主東方不敗的阿諛奉承。此風若不速速矯正過來，恐怕愈來愈多人在主日寧可坐在電視機前收看美國的崇拜轉播了。Ω

謝飯就是謝飯了，為何又要將它提升到一個認信甚至「見證」的層次？

謝飯

“我有一個基督徒朋友，很少在公開場合說自己是基督徒，連吃飯前他也不祈禱，我問他為甚麼？他說心裏相信就可以了，又說太多掛在口邊說自己信耶穌，反容易令其他人覺得信耶穌的人「與別不同」，失去親和力。這說法是怪論嗎？”

大學時代，教會一位弟兄在團契聚會中分享，他出外的時候總喜歡帶一本大聖經，這樣街上的人都會知道他是一個基督徒。當時聽到這說法覺得有點彆扭，只是不知道該如何回應。他的意思大概是：他並不以作為一個基督徒為恥。可是，他那充滿勇氣甚至帶點驕傲的分享，卻始終難掩那舉動背後的曖昧性。

該怎麼說呢？或許就像一些日本人為了克服自己內向害羞的性格，特意選擇在熙來攘往的街頭高歌，意思是這樣難堪的事情也做過了，以後還有甚麼不能克服的嗎？相對來說，捧著大聖經上街就很小兒科了。我的意思是，人們知道你是個基督徒又如何呢？這舉動又為基督見證了些甚麼？

因此，我猜測你的朋友或許是不安於一些基督徒「作秀」式的行為表現，或近乎招牌式的指定動作，於是不無矯枉過正地避開一切令人聯想到基督徒的行為舉動而已。

再者，你會無緣無故在公開的場合說自己是個海南人或公務員嗎？你當然並不羞於自己的祖籍或以自己的職業為恥；你沒有常常公開「承認」這些身分，只因為沒有這個必要。反而如果你常常如數家珍地提到一眾政府高官都是基督徒，那又反映一種怎樣的心態？

在這裏順帶談謝飯的問題。基督徒在飯前謝恩當然是個不錯的習慣。這提醒我們，生命中的一切所需，簡單如我們已視之為理所當然的養生食物，其實都不是必然的。農夫辛勤耕作，卻不保證一定有所收成；低收入的勞工做幾份工，也未必足夠給家人糊口。謝飯作為基督徒的一種生活態度，提醒我們人的生活、動作、存活，確實都在乎神。

但謝飯就是謝飯了，為何又要將它提升到一個認信甚至「見證」的層次？這樣做的問題是，當你在餐桌前低下頭的時候，你就不單是向神謝恩，而是也做給周圍的人看，甚至主要是做給周圍的人看了。但耶穌不曾說，「你們禱告的時候，不可像那假冒為善的人，愛站在會堂裏和十字路口上禱告，故意叫人看見」(太六 5)嗎？

若干年前，曾經聽過一位朋友問當時的少年團契導師：喝水是不是也需要低頭謝恩？導師想了一想，就說凡飲品或食品價值超過三毫子的，他都會謝恩；三毫子以內的，也就可以免了。這當然只是個隨意的劃線。那個時候並不流行支裝水，也不流行計算實際成本，不然的話又有甚麼是不用謝恩的呢？

你明白我的意思嗎？要是認真計算的話，我們又怎能逃避「凡事謝恩」這個結論？並且值得我們感恩的，又豈僅是飲食呢？那麼，我們是不是要時刻低下頭來禱告神？還是，我們應該恆常以一顆感恩的心去過每天的生活？

當然，謝飯還是一個好的習慣，卻不是為了要叫人看見，或是要叫食物得到潔淨。畢竟「入口的不能污穢人，出口的乃能污穢人……豈不知凡入口的，是運到肚子裏，又落在茅廁裏嗎」（參太十五10～20）？說到底，感恩的祈禱只能是呈獻給神的一些表記（token），而不可能鉅細無遺地逐一交代。Ω

教牧與長執之間誰擁有更高的「屬靈權柄」，始終是在於生命的具體彰顯，而不在於當事人的據理力爭。

聖職神授？

“最近參加一個基督教機構辦的專業培訓講座，講者表示不建議教會使用商業化的制度來考評牧者。但對於那些疏於牧養，令教友流失、事工低迷的牧者，教會當如何處理？對於聖職神授的牧者，人們是沒甚麼好做，也不應做甚麼，惟有耐心等待神的安排嗎？”

教會不是一盤生意，牧者也不僅僅是個雇員，當然不宜使用商業化的制度來考評。可是在現代社會，教會卻同時受社團條例與公司法所規管，需要滿足法例對註冊有限公司及非牟利團體的種種要求；而在法例上，長執會大概相等於外面機構的董事會。這也凸顯了教會一方面是「神的家」(提前三 15)，同時也是人間組織的弔詭。

當然，如果僅僅為了滿足法例上的要求，教會又確實無需使用商業化的制度，去評核教牧的表現。難道除了「商業化」的制度，教會就再沒有其他合乎信仰的制度，去處理相關的問題嗎？

在一些較有制度和傳統的教會，自然可以按著宗派傳統既有的監督機制，去處理和評核教牧的表現。但對於一些規模較小，也沒有既定問責機制的信仰羣體來說，或許正是礙於「聖職神授」的觀念，信徒領袖往往不知道該如何跟教牧同工溝通牧養方面的需要和期望，結果往往反而只能訴諸一般機構團體的「考核」程序，造成種種的誤解和不快。這其實可以透過坦誠的相互溝通，達至一個彼此較能接納的互動方案。

至於「聖職神授」這觀念，如果是指牧職是神為教會而設立，「為要成全聖徒，各盡其職，建立基督的身體」(弗四12)，那當然沒有錯。但如果將這觀念延伸至所有選擇到教會工作的人，認為他們都是神所直接指派的，因而不能被挑戰，那就有點問題了。

首先，當事人是否得到神的呼召，那是相當個人的事情；其次，就算有神的呼召，也不代表不需要監察和提點。事實上就連羅馬天主教，也沒有將「無謬論」延伸至所有的「聖職」，我們又怎能將之視為教牧只需要向神交代的理據？

另外，在一些宣教開荒的工場，教牧傳道通常從開始就負起領導的角色，因此有較強的權威性；但在一些以查經班、團契形式開始而發展成獨立教會的羣體，長執會往往就是羣體的核心成員，有較強的歸屬感，對教會的方向和路線也就有較強的主導意識。而教牧在前者有較大「發言權」，在後者較側重扶助和提點，也就完全可以理解了。

說到底，教牧與長執之間誰擁有更高的「屬靈權柄」，始終是在於生命的具體彰顯，而不在於當事人的據理力爭。更何況保羅在他幾次的宣教旅程中，亦沒有因為他是蒙聖靈所指派（徒十三 2～3）而獲得格外尊重和厚待。主耶穌作為神所差派的獨生子，也得不到應有的接待（約一 9～11）。那麼，作為耶穌基督的追隨者，就是偶爾受到點委屈，也就不必過於介懷了。Ω

III.
信仰實踐的挑戰

基督教信仰給外人其中一個最深刻的印象，恐怕就是「在道理上無懈可擊」，可惜卻往往無法在現實生活中實踐出來。

最關鍵的癥結既已解開，其他的難處，都不過是技術性問題吧？

救主能代替我們做人？

“有一首古老的聖詩名叫《救主能解決一切問題》，說一切事主都能解決，在耶穌沒有難成的事。但事實上人生卻問題叢叢，有錢財上的苦惱、工作上的不如意、兒女不長進的困擾，究竟救主如何幫我「解決」這一切苦惱？有時我臨睡前禱告，片刻有平安，但一覺醒來，問題仍有待自己面對。”

我不知道我該多認真去回應這個問題，因為問者提到

「救主能解決」的那些問題，明顯並不包括大考的試題、個人理財的策略、辦公室政治的處理、養兒育女的困惑……我的意思是，信仰對一個人的學習態度、價值觀念、人際關係和家庭關係當然有一定的影響，卻不是尋求「技術性支援」的某種工具。你臨睡前禱告，如果只能帶來片刻的「平安」，那大概只是心理上的安慰劑（placebo effect）。

聖詩是基督教傳統中一個重要的資產，譬如《萬古磐石》、《奇異恩典》、《耶穌恩友》等。它們寫成於不同的年代、文化背景，卻訴說著信徒共同擁有的屬靈經驗，印證了「聖徒相通」的寶貴信念。

可是，該怎樣理解這些聖詩，卻是另一個問題。寶貴如聖詩，它們卻不是神直接的啟示，而是作者們的屬靈體會。尤其是一些現代詩歌，往往因為作者在背景、閱歷上的參差，以致有時甚至予人難以同心唱頌的感覺。

聖經的正典乃經過嚴謹的大公會議決定，崇拜的詩歌，在很多方面就不能與之相比了。但就算是聖經，你也得判斷作者是在訴說自己的個人經驗，抑或指出一些放諸四海皆準的永恆真理；至於聖詩，就更不宜奉若天啟，在在要求按字面的意思直接兑現歌詞。

譬如我很喜歡一首名叫《我心靈得安寧》的詩歌：「平安有時如平靜河環繞我，悲傷有時如大風浪；無論何環境，我已知主引領，我心靈得安寧，得安寧……」但倘若有人在一些環境無法確定神的引領，心靈又得不到詩歌所「應許」的安寧，他又是不是可以因此斷定這首詩歌所表達的並不真確？

這個問題，叫我想起約翰福音兩個幾乎相連的記載。

第一個記載，是耶穌告訴夜裏來見祂的法利賽人尼哥德慕：「人若不重生，就不能見神的國。」（約三 3）或許就跟你的反應差不多，尼哥德慕最即時的反應是：「人已經老了，如何能重生呢？豈能再進母腹生出來嗎？」（三 4）

第二個記載就在跟著那章。耶穌對雅各井旁的撒馬利亞婦人談到「活水」的問題。同樣，或許那婦人根本就沒有為意耶穌正在借題發揮，因此她很率直地反問：「先生，沒有打水的器具，井又深，你從哪裏得活水呢？」（約四 11）

在這裏，就像尼哥德慕和那撒馬利亞婦人一樣，提問者指出人生有錢財上的苦惱、工作的不如意、兒女不長進的困擾，究竟救主如何能夠幫他「解決」這一切的苦惱？

對於「重生」，耶穌明確指出並不是為了解決尼哥德慕的老年問題；至於「活水」，亦明顯不能解決耶穌當刻口渴的問題。這樣，「救主能解決一切問題」所指的，或許就在歌詞的下一句：「他能解開人生之結」。意思大概是：最關鍵的癥結既已解開，其他的難處，都不過是技術性問題吧？

寶貴如聖詩，它們卻不是神直接的啟示，而是作者們的屬靈體會。Ω

效法基督並不是追求一個絕對完美的抽象人格！

基督徒不能承受的重

“我最近和一班團友去外地旅行，感覺很不愉快。我們每日有靈修，在旅遊車上也時常唱聖詩，但他們在車上又常為座位起爭執，吃飯時又常因餸菜生怨言，真是沒有禮貌。基督徒時常講一套做一套，究竟如何才可以做到表裏一致？”

這其實也不算是一個問題。對於表裏不一、講一套做一套的人，除了加以口誅筆伐，還有甚麼好說的呢？因此，與其在你的投訴之後另加幾百個字去鞭撻他們，我反而想借這個機會，為基督徒的沉默大多數説幾句公道話。

長久以來，基督徒都背負著一個沉重的擔子，就是在一般人的印象裏，基督徒應該是一羣溫文爾雅、天真無邪、老練世故、打不還手、罵不還口、不吃人間煙火的世外高人。而神奇的是，這個三百六十度的轉變，就是在他「決志信主」的那一刻，一次永遠地發生了。自此以後，他的生活就彷彿「披戴」著主耶穌基督（參羅十三 14；加三 27）。他的一言一行、一舉一動都要以基督為榜樣。就如使徒保羅説：「現在活著的不再是我，乃是基督在我裏面活著。」（加二 20）

不過，雖然這些生動的意象，活潑地描繪了基督徒努力的方向和目標，卻並不表示他們業已到達了那個階段。就用主耶穌論「重生」（參約三 3 ～ 8）的觀念去理解，生命由誕生至茁壯成長，也總要點時間罷？怎麼能夠期望一個正常的人，不需要時間、經歷的鍛煉，一下子就脱胎換骨變成完全另一個人？要是給人看見稍有「低於標準」，或者只是有別於一般的「屬靈典型」，就往往被提高到一個信仰和道德的高度去理解，成為了「虛偽」、「表裏不一」、「講一套做一套」。而我要說，這是絕對不公道的！

問題的癥結是：倘若每個基督徒都以「更像我恩主」作為他們個人努力的目標，那將會是一幅相當美麗的圖畫。但如果將一個抽象的完美模楷，視為現實人格的絕對標準，並以之作為量度每一個基督徒的尺度，那就大有問題了。

在現實中，當不同的人因著自身的限制而未能到達這個境界，而現實卻對他們有如此要求，便很容易生成一批表面上是這種表現、背地裏卻完全是另一回事的「教徒」了。並且面對這嚴峻的要求，信徒往往就連嘗試的勇氣和動機都沒有了：「我又不是耶穌，我又怎可能做到？」這也解釋了教會中的青少年，一旦過了主日學乖孩子的階段，也就頭也不回地摒棄這不可能的要求了。

效法基督並不是追求一個絕對完美的抽象人格！再說，主耶穌其實也不是一個沒有性格、任由人搓圓壓扁的「好好先生」！司徒德（John R. W. Stott，又名斯托德）在他一本早期的著作形容耶穌為一個極具爭議的人（Christ the Controversialist）。效法基督，就是效法他坦然活在神面前，作一個順命、蒙愛的兒女，不必因為要得到人的認可而弄虛作假！正如保羅說：「然而，我們到了甚麼地步，就當照著甚麼地步行。」（腓三 16）Ω

每一段經文或每一個教訓，都有它們要應對的處境和要解決的問題；我們不能生硬地將它們抽出來，望文生義地去揣測它們的意思。

難以實踐的道理？

“耶穌教訓我們要饒恕人七十個七次，我知道祂的意思是饒恕人是無止境的。這在道理上無懈可擊，但如果對方沒有悔意，或只是三分鐘熱度又故態復萌，這麼饒恕下去是否等於縱容？”

基督教信仰給外人其中一個最深刻的印象，恐怕就是「在道理上無懈可擊」，可惜卻往往無法在現實生活中實踐出來。基督徒好像都不吃人間煙火。譬如說饒恕。

導致這個問題的原因之一，是我們往往脫離經文的上文下理，完全抽空地去理解一個教訓。於是，也就牽引出很多「如果」、「萬一」的問題來。

就拿「饒恕人七十個七次」這個教訓來說吧（參太十八21～27）。在這之前，主耶穌是在談到「若你的弟兄得罪你」的問題（十八15～20）；之後，是論到「不憐憫人的必不蒙憐憫」的道理（28～35節）。而「饒恕」這主題，也就必須放在它的前文（如何處理弟兄的錯誤）和後理（「從心裏饒恕」）這個框架去理解。

換句話說，每一段經文或每一個教訓，都有它們要應對的處境和要解決的問題；我們不能生硬地將它們抽出來，望文生義地去揣測它們的意思，然後再列舉出七十七個可能的情況，去質疑它們的適切性和可行性。

在彼得問耶穌「主啊，我弟兄得罪我，我當饒恕他幾次呢？到七次可以嗎？」(太十八 21) 之前，主耶穌正是在講論到「倘若你的弟兄得罪你，你就去，趁著只有他和你在一處的時候，指出他的錯來」(八 15)。換句話說，饒恕並不等於文過飾非、視而不見，縱容他繼續錯下去，而是必須「指出他的錯來」加以處理。

不但如此，「他若不聽，你就另外帶一兩個人同去，要憑兩三個人的口作見證，句句都可定準。若是不聽他們，就告訴教會；若是不聽教會，就看他像外邦人和稅吏一樣」(太十八 16～17)。而這樣做的目的，並不是要為自己取個說法、拿個公道，而是「他若聽你，你便得了你的弟兄」(十八 15)。饒恕只有一個目的，就是挽回。

這樣，饒恕跟縱容也就完全沒有半點關係了。從前文看來，這裏的重點似乎是說，真正的饒恕是沒有計算的。「我忍你一次、兩次、三次，到第四次，那就不要說我沒有給你機會了！」這明顯不是饒恕，只是容忍；而我們都知道，容忍是有限度的！

那麼，神為甚麼要求我們無條件、不設上限地去饒恕呢？原因大概就像下文那個欠了主人千萬兩銀子的僕人，只要我們躬身自省、撫心自問，就會知道自己的虧欠多不勝數，那麼我們又怎好意思抓著那只不過欠我們十兩銀子的弟兄不放呢？

其實，這也並不是甚麼超凡入聖、難以實踐的要求，而是一般人的尋常經驗，因為這基本上只是每一個父母對他們的子女的態度罷了。不是嗎？天下間又哪有父母對自己的子女定下犯錯的上限，一旦超越了限額，就不再給予機會，甚至形同陌路？無論他們跌倒過多少次，只要子女真心承認自己的錯誤，那麼我們還是會饒恕他們，並且是「從心裏饒恕」（太十八35）。

而當我們這樣做的時候，我們往往就能夠設身處地，體會到主耶穌在客西馬尼園望著那班在關鍵時刻沉睡的門徒，祂失望之餘卻又體諒到「你們心靈固然願意，肉體卻軟弱了」（太二十六41）。甚至在彼得跌倒之前，主就已經預先饒恕了他：「……你回頭以後，要堅固你的弟兄。」（路二十二31～32）亦只有這樣徹底的饒恕，充滿了救贖的能力！Ω

基督徒除了閱讀「屬靈」書籍之外，最好也能夠看一些經典的文學作品。

計算有甚麼「得著」?

“教會的牧師常介紹一些基督教書籍給我看，我也很喜歡看，讀了一本又一本。但幾年下來問我吸收了甚麼，竟又説不出來，只記得讀的時候很有味道。這樣繼續讀下去有用嗎？”

你這也算是個問題嗎？如果你喜歡看那些書，而讀的時候又感覺很有味道，你又管它有沒有用和有甚麼用呢？

或許讓我換個説法：營養師介紹一些餐單給我，我也很喜歡吃，試了一個又一個。但幾年下來，如果你問我吸收了些甚麼，我大概也説不出來，只能説吃的時候很有味道，身體看起來也很好，至少沒有甚麼不良的反應和作用。除非有學術期刊發表了有關這些餐單的實驗室報告，否則我又再能説些甚麼？

讀書就是這麼一回事。你不能夠讀了一本書，隨即就量度自己到底吸收了些甚麼，又吸收了多少，對於個人成長、待人接物、靈命增長、愛主愛人有多少裨益。

可是在教會裏往往就有這樣無聊的問題。聽了一堂道，就要問有甚麼得著？讀了一個故事，就要問學到了甚麼教訓？參加了一個聚會，又要問神有甚麼説話？這樣下來，我們就得無時無刻不在思考計算，就是一時間未能整理好自己的思緒，也得裝模作樣地説點得體的垃圾，以免被視為不思進取、白佔地土！

我認識一位碩士畢業的姊妹，參加教會聚會十多年，渴慕真理、明白救恩，可是多次申請浸禮被拒，因她無法通過問卷和面試的批核。我的意思是，她十分清楚教會批核的標準，要通過那些要求亦可以說是易如反掌，可她就是難以勉強自己去符合那些類近幼稚園入學試的要求。

又或者我們社會的整個教育體系就是建基於這樣的評核制度。你能夠將預設的標準答案原原本本地背誦出來，就證明你掌握重點、明白事理。如果你用自己的說話去表達，又或者提出不同的理解，他們又可以憑甚麼評核的基準去給你打分數？

小兒曾經在傳統中學唸書，學校為了鼓勵閱讀，設立了強制參與的課外閱讀計劃，規定學生讀完一定範圍和數量的課外書；大多數的學生，就只是絞盡腦汁去湊夠所要求的數目。家姊選擇了讓孩子在國際學校唸書，我不知道她們的學校有沒有強制的閱讀計劃，但我看見她們每每相當主動地捧著幾百頁的小說在啃。

唸大學的時候曾經參加教會的個人佈道訓練。負責的導師很用心地預備了一份模擬的談道對話，以帶出個人談道要注意的重點。記得第一次「出隊」的時候，我被安排跟隨一位比較「有經驗」的弟兄，自己則只需要從旁觀察、學習。那次的經驗是難忘的，因為帶隊的弟兄鍥而不捨、兜兜轉轉地重複著同一個問題，就只因為對方始終未能答中模擬對話的標準答案！

多年後的今天，我們仍然看見訓練有素的佈道隊員，鍥而不捨地引導著對方邁向那正確的答案，好讓他們可以充滿感恩地宣告對方已經成功得著神完備的救恩！

最後，我覺得基督徒除了閱讀「屬靈」書籍之外，最好也能夠看一些經典的文學作品。因為如果「屬靈」書籍是提供人生的答案的話，那麼「經典」文學作品往往能夠深刻地勾畫出問題的所在。畢竟，沒有答案的問題還可以是好的問題；沒有問題的答案，看起來就比較滑稽了。Ω

倘若聖經沒有作出明確的評斷，我們就不該自作聰明，彷彿是神自身的啟示。

自殺者不能安息？

“教會最近有一個患有精神病的會友自殺身亡，這人已經沒返教會好久了，所以教會也沒有人認識他。牧師說因為他是自殺，所以不適宜有正式的安息禮拜，結果家人為他舉行低調的喪禮，牧師只是到一到而沒有主持任何儀式。請問自殺的人是不可以有安息禮拜的嗎？”

在聖經有記載的自殺個案中，最廣為人知的，莫過於舊約的掃羅王和新約的加略人猶大。前者因為戰敗沙場，恐怕落在敵軍手中受辱而選擇自盡；他的三個兒子和隨從，最後也都跟隨他自殺身亡（參撒上三十一4）。後者因為自覺犯了無法彌補的錯誤，羞愧之下結束自己的生命（參太二十七3～5）。只是在聖經中，並沒有就這些記載作進一步的評斷，譬如自殺者（特別是猶大）最終是否「得救」。而倘若聖經沒有作出明確的評斷，我們就不該自作聰明，彷彿是神自身的啟示。畢竟所有間接的推論，都只不過是有待審核和查證的揣測而已。

一些人認為自殺者不宜有安息禮拜的想法（我甚至不說是「理據」），是因為只有神有權主宰人的生命，殺人者（包括自殺）是僭越神的主權；為表教會對此等行為的否定立場，因此一律不為這些人進行安息禮拜。

只有神有權主宰人的生命，這是毋庸爭議的。但我們又該怎麼去理解耶穌在十架上對強盜的寬恕呢（參路二十三39～43）？被處以極刑的強盜，幹的自然不止是雞毛蒜皮的偷竊欺淩，而是打家劫舍、殺人越貨的勾當。耶穌對他的接納和寬恕，表明沒有不能被饒恕的過犯。事實上，我也沒有聽過殺過人的人不能有安息禮拜的做法。那為甚麼惟獨是自殺者不能有安息禮拜呢？那大概是賣主的猶大的緣故了。

在這裏姑且不去討論猶大是否「得救」。賣人子的，固然是「有禍了」（太二十六 24），但他是不是就不可饒恕呢？至少聖經並沒有明言。那猶大最後有沒有後悔呢？賣主是愚昧的，自殺亦不能解決任何問題。但不能否定的，是他確實是後悔了，甚至是以最徹底的行動去表明他的悔意（參太二十七 3～5）。而對於切實後悔的人，我在聖經中並沒有看見神不肯饒恕的例子，真的連一個也沒有。

另一個較次要的原因，是恐怕為自殺者作安息禮拜，是變相認可自殺的行為。這實在是很奇怪的想法，在保羅論到恩典是否會鼓勵犯罪時已有類似的討論（參羅六章），在此不贅。

當然，這裏問題的關鍵是：自殺也可以是由於許多不同的原因，而沒有人可以去追問一個死了的人是否確實有悔意。但無論是由於甚麼原因，光采的（如切腹）與不那麼光采的（如畏罪），自殺都可以理解為承受不了生命的重壓而作的了斷，更何況是一個精神病患者？主耶穌曾經呼籲：「凡勞苦擔重擔的人可以到我這裏來，我就使你們得安息。」（太十一28）最後，安息禮拜並不是對已死亡魂的超渡，而只是對在生者的一個交代與安慰，那我們又何必吝嗇呢？ Ω

自己前面還有幾十年，要是萬一沒有得到絕症，地球又未曾完蛋，那是不是要想想怎樣可以過得有意思一點？

明日之前

“無論環境生態、天災人禍，都像告訴人們地球已時日無多了。整個世界正一步步走向滅亡，宗教人士惟一應做的是趕緊傳福音，又何必大費周章去搞甚麼環保、和諧、政教分不分離！”

提出這樣的說法，想必是對近年基督教圈子內的種種爭拗感到不耐煩了。無論是同性戀以及一眾有關性倫理的道德爭議、「宗教左派」對「宗教右派」的窮追猛打、政治改革應如何取態、該聽命順從還是起來抗爭……不同的組織宗派，都打著信仰的旗號，要求心靈單純的基督徒及早省悟，表態歸邊，回到「聖經的話語」或「基督的精神」。對問題稍有不同的看法，就動輒被冠以「不信」或「超錯」的標籤，叫人感到無比厭煩。從這個角度去看上面的問題，其「潛台詞」就是說：「拜託，不要再來煩我了！」

但體諒歸體諒，並不改變這是一種簡單消極的逃避主義。你要是接納這樣的想法，它並不會停在那裏：無論是遺傳問題、戰亂饑荒、瘟疫絕症、天災人禍，都讓我們慨歎生命的短暫和虛幻；錢財是身外物，食物是必朽壞的，人是必死的。而既然人人都難免一死，又沒有人知道自己會怎樣死、甚麼時候死，那乾脆等死便是了。你能夠接納這樣的想法嗎？

救主能解決一切問題。傳福音就是所有問題的答案。

一切不是簡單俐落得多嗎？

但願如此。

只是我們一日未曾息去世上勞苦，回到天家，有些問題還是不能不處理的。家裏的天花塌了下來，是修理還是不修理呢？政府要收地重建社區，打算將你遷到屯門或天水圍，賠償又不足以讓你另覓地方，你是不是要跟他們理論一下？鄰舍被欺壓，無人幫助，你是幫還是不幫？自己前面還有幾十年，要是萬一沒有得到絕症，地球又未曾完蛋，那是不是要想想怎樣可以過得有意思一點？

從種種迹象看來，這個世界的時日可能真的不多了。但直到那日子來到，我們還是要生活的，並且是生活得比其他人更有意思（約十 10）！昔日門徒問耶穌：「請告訴我們，甚麼時候有這些事？你降臨和世界的末了有甚麼預兆呢？耶穌回答說：『你們要謹慎，免得有人迷惑你們……總不要驚慌；因為這些事是必須有的，只是末期還沒有

到……所以，你們也要預備，因為你們想不到的時候，人子就來了。』」（參太二十四 3～44）

主耶穌的提醒，距今已超過二千年。要是人們那時就開始「收工」等主再來，這中間二千年的歷史又會變成怎樣呢？「親愛的弟兄啊，有一件事你們不可忘記，就是主看一日如千年，千年如一日……但主的日子要像賊來到一樣。那日，天必大有響聲廢去，有形質的都要被烈火銷化，地和其上的物都要燒盡了。這一切既然都要如此銷化，你們為人該當怎樣聖潔，怎樣敬虔，切切仰望神的日子來到……」（參彼後三 8～12）。Ω

這個世界並沒有一個「價值中立」的地方，讓我們暫時寄存這些孩子，等他們心智成熟、能夠獨立思考，才讓他們選擇自己的宗教信仰和人生方向。

宗教虐兒？

“我是一所基督教中學的宗教主任，最近有兩三位宗教老師很熱心於某幾類型的佈道和敬拜事工，常提出要帶學生去參加有靈恩背景的「特會」，以及一些大型祈禱會，以至觀看某機構拍攝的福音電影。我不反對上述活動，但覺得一定要平衡，強調學生也需要理性的信仰追尋，例如研經和讀書小組，但在宗教科會議上卻往往孤掌難鳴，這令我十分苦惱。”

日前在互聯網上讀到一篇名為「宗教虐兒」的分享，談到在美國南部一個天資聰穎、口齒伶俐的小孩戈特納（Marjoe Gortner），父親是個傳道人，在他兩、三歲的時候便開始訓練他講道。當其他的小孩子還在玩家家酒，他已經要接受母親密集的演講訓練。孩子四歲的時候，已經能夠在講台上滔滔不絕，無論在遣詞用字、聲線語氣、舉手投足各方面，都十足一個佈道家。因為他畢竟還是個小孩，於是就有一種莫名的吸引力，令教會的信眾大增。

孩子逐漸長大，他的「表演事業」為教會累積了一大筆的金錢。在他十六歲那年，他父親抵不住金錢的誘惑，拋妻棄子，夾帶私逃。在掌聲和射燈中靜了下來，他發覺自己一直以來只不過是鸚鵡學舌，心底根本並不相信自己在台上講的那套，於是便離開了教會。然而，他自懂事以來惟一會做的，就是講台上的表演；為了生活，他只好重操故業，以大型的佈道會去招徠信眾。

這個極端的例子帶出一個很重要的問題，就是怎樣才算是向一個心智未成熟的孩童進行「宗教洗腦」，甚至構成「宗教虐兒」? 而這個問題最基本的難處，就是這個世界並沒有一個「價值中立」的地方，讓我們暫時寄存這些孩子，等他們心智成熟、能夠獨立思考，才讓他們選擇自己的宗教信仰和人生方向。

這樣，你不帶領孩童走上信仰之路，自然有人會帶領他們走上別的道路。這是我們不願意看見的。但在一個現代多元文化的社會，任何宗教或政治的信仰和理想，都必須面對其他思潮、學説或意識形態的挑戰和衝擊。有別於家庭，學校在宗教教育上明顯應該扮演一個啟導知性的角色。情緒的挑動和感性的刺激，對於一些活潑好動、尋根究柢的孩子根本起不了作用；對於一些較軟弱內向的孩子，大概亦只能收一時之效，等到他們「既成了人，就把孩子的事丟棄了」(林前十三 11)。

作為學校的宗教主任，也為了受託孩童的福祉，如果你能夠找幾位志同道合的老師，提出一些積極的計劃去取代那些「兒童不宜」的項目，可能會比消極不滿更奏效。

「教養孩童，使他走當行的道，就是到老他也不偏離。」（箴二十二6）但這是把兩刃的刀。中學時讀劉蓉的《習慣說》，點出「君子之學貴慎始」的道理。糟糕的開始往往留下深刻的烙印；最起初的經驗，往往難以磨滅。而在信仰的事情上，一旦覺悟昨非今是，要從頭再來，就幾乎是不可能了。慎之！Ω

教會如果發言，那並不是為了表現自己在道德上超然和卓越的地位，而是清晰地陳明問題背後所涉及的價值和道理，喚醒人們面對自己的道德良心。

發言，或不發言

“最近城中有位富豪公子找「代母」誕下三胞胎，天主教強烈譴責這種有違自然的事情，但基督教卻好像沒有甚麼立場，請問基督教信仰如何看待非經夫婦性行為而生育的「科技」？”

城中富豪找代母產子跟教會有甚麼關係？為甚麼我們需要表達「立場」？

我的意思是，城中不同階層的人，每天幹著不同的事，並且大概都有不同程度的道德含意，教會該怎樣選擇甚麼議題，去予以譴責或表揚，或發表一個公開的聲明或「立場」？譬如説，要判斷某藝人在公眾地方酒後鬧事，或濫交、雜交的對錯有多難？為甚麼就非得教會出來「結案陳詞」不可？某社會名流名正言順、落落大方地三妻四妾，所有的專欄、副刊都已經鉅細無遺、如數家珍，圖文並茂地鋪陳了開來，難道就是獨欠教會出來「一錘定音」？

對於社會已有公論的事情，教會是不是每次都得走出來發表她的「立場」？教會有需要在諸事上扮演道德審裁員的角色嗎？

前幾天在網上讀到一篇文章，點名指責某個有基督教背景的社會監察機構，沒有及時就上述事件提出「義正辭嚴」的公開譴責。有趣的是，每次當這機構站出來説些甚麼，都幾乎無一倖免地被譏為站在「道德高地」説三道四。

這樣，說，是道德主義；不說，則是沒有道德勇氣。做，不行；不做，也不行。這在心理學上叫做「雙困」（double bind）的局面：無論你怎麼做，結果都只能是錯的。很多時，基督徒就是被夾在這種被動的角色中，扮演著社會所指派的負面甚至是小丑的角色。難道這就是所謂的「為主作見證」嗎？

你問「基督教信仰如何看待非經夫婦性行為而生育的科技」。事實是「生命科學」包括醫療、護理、藥劑、遺傳工程等科技，已滲透到現代生活的每一個層面。我們往往歡迎科技為我們解決種種難題，卻質疑同一個銅板的另一面。如果基督教在這問題上有甚麼看法，那必然是「非經夫婦性行為」而生的子女，他們的生命絕對不比其他生命較不神聖。這也是「代母」問題背後所涉及的核心倫理價值。

事實上有多少「經夫婦正常性行為」而生的子女，他們所得到的，是疏忽照顧、粗暴對待、虐打甚至是遺棄；

較有經濟能力的夫婦，則在實質上讓外傭成為子女的「代母」。當然，相關的還包括因強姦、亂倫、濫交而生的子女所引發的種種社會問題。難道這些不是更普遍和需要面對的問題嗎？

你說教會不是社會的道德良心嗎？我在報章看到吳靄儀議員在立法會就支持促請中央政府釋放劉曉波及所有政治異見人士的發言，深為所動。所謂知識分子的道德勇氣，不就是這麼一回事嗎？教會如果發言，那並不是為了表現自己在道德上超然和卓越的地位，而是清晰地陳明問題背後所涉及的價值和道理，喚醒人們面對自己的道德良心。Ω

信仰或神學，基本上並不是政治或社會批判理論……價值觀與良心的範疇，是信仰觀點可以介入的層次。

信仰與政治

“我是少年級主日學的老師，有唸中三的學生問我應否支持反對興建高鐵，又問我青年人包圍立法會和衝擊警員對不對。我很想和學生從聖經角度探討這問題，不知可從何入手？”

你的問題讓我記起一本藏在書架角落的小書，書名是 *Everything Is Politics But Politics Is Not Everything*，意即「一

切都是政治，但政治並不是一切」。

確實，近年社會、政治方面的議題，成了教會無法迴避的問題。彷彿教會若不在這些議題的立場上表態，她甚至在信仰上的發言權幾乎亦受到質疑。一般的想法，是信仰既然涵蓋人生的每一個部分，它就該在生活所有的範疇上，都反映其獨特的角度和觀點。

不過，正如我曾在別處提過，雖然心靈的轉化——包括我們對生命意義以及價值層序的重新評估和定位——必然帶來生活行為上的改變，但這卻並不意味著要劃一化基督徒在生活上的具體細節。

我的意思是，一個人信主後可能會放下一切，從事與教會有關的工作；另一個人卻可以選擇留在自己一直所從事的崗位上，照亮自己所在的角落（參林前七 20～24）。一個人信主前屬於某個政黨，信主後不一定需要轉投另一些政黨；宗教信仰並不決定一個人的政治取向和立場，那更多是取決於他所屬的社會階層。

譬如，對於一個中產人士來說，「環保」可能是在下一次換車的時候找一部混合車（hybrid）；對於打工仔來說，公共交通工具和步行從來都是他們不二的選擇。信仰或神學，基本上並不是政治或社會批判理論。

在興建高鐵的事件上，那基本上是屬於一個社會、政治而非信仰的判斷。對於香港是否需要高鐵、造價多少才算合理、應該經過些甚麼地方、總站該設在哪裏，這些都不是屬於信仰範疇的問題。你只需要以事論事地跟你的主日學學生分析問題，而不必亟亟於從聖經中尋找答案。你更可以順帶讓他們知道，神造我們的腦袋，是要我們去分析、判斷和運用。那是屬於常識的範疇。

但正如有學者指出，反高鐵運動所反對的，其實也不單是高速鐵路、不單是六百六十九億高昂的造價、也不單純因為影響了菜園村和其他居民，以及總站該設在哪一區；他認為問題的核心，是政府強權意識形態，與民間反對經濟至上的價值觀對壘。那是屬於價值觀與良心的範疇，也是信仰觀點可以介入的層次。

我不知道中三的學生是不是能夠明白，但你可以讓他們知道，就是同一個問題，也可以有不同層次的討論。這樣的分析使我們對問題有更立體的理解，而不必追求一個終極及惟一的答案。至於包圍立法會與衝擊警方防線，那已屬於策略的考量和情緒的表達。

在舊約聖經的記載中，有進入政治建制的約瑟和但以理，但更多是在政治建制以外批判和進諫的先知。這似乎是更為適合教會的角色。昔日在耶穌的門徒中，有政治背景的就只有奮鋭黨的西門。而在耶穌的講論中，從來沒有將神國跟任何政治理想（例如錫安主義）連上任何關係。

雖然我個人並不喜歡太多嘈雜和激昂的口號，但我卻是六四燭光晚會的常客。那是關乎個人的道德良心，盼望已被信仰所洗滌，而不再需要宗教的批文。畢竟，「基督釋放了我們，叫我們得以自由。所以要站立得穩，不要再被奴僕的軛挾制」（加五 1）。Ω

「該撒的物當歸給該撒」，一旦牽涉法律訴訟，恐怕神也難以替你開脫。這是卡夫卡在他的小說所表達的夢魘。

同流合污？

“我經常北上公幹，需要乘搭飛機，認識了一些號稱「八折黨」的計程車司機，每次收我港幣二百元，比正常車資便宜最少五、六十元。教會的弟兄說這是不應該的，因為「八折黨」乃業內的害羣之馬，與其交易等於同流合污。我想問一句，我是否做錯了？”

非法的事，我當然不能鼓勵。但是在法律以內的事，我同樣有很多不明白的地方。

譬如為甚麼一個計程車的牌照，竟然可以動輒炒到數百萬？計程車的實際收益，有多少是落到辛勞工作的司機手上，又有多少是落到背後操控的財團口袋？當然，好像高樓價政策一樣，樓價炒高了，雖然跟老百姓的收入水平不成比例，要將它再壓下去似乎有相當難度。仁慈的前特首，就是過分天真卻缺乏氣魄地栽在這個問題上。

當大部分人都已經將畢生及未來的積蓄，擺到那幾百平方尺的「建築面積」上，除非是來個文革式規模的「土地改革」，否則誰又願意看見樓房回落到一個比較「合理」的水平？而既然已經無法回頭，普羅市民也就只好想盡辦法，炒股票、做兼職、或者踩多兩更，將大部分收入放在這項最基本的生活需求上。只是每當市民的收入稍有轉好的迹象，樓市、舖租便又已率先「反映」了出來。換句話說，市民逃避剝削的惟一途徑，就是參與炒賣。

在這樣一個畸形的社會中，要確實地去分辨是非對錯，的確有一定的難度。

我並不是唸經濟的，自然不知道張五常或費利民（Milton Friedman）在這等問題上的觀點。但作為一個升斗市民，我卻不能因為自己沒有一個經濟學的學位，而擱懸我在生活上大小的抉擇和判斷。我必須時刻作出那關乎我自身利益的判斷和選擇。

想像一個比較原始的景況：在一個週末的市集上，不同的地攤、檔口都塞滿了人。因為過去幾個星期的地瓜賣得不錯，販賣地瓜的地攤明顯地多了起來。為了不讓這些攤檔惡性競爭，市集實施了發牌制度去控制供應；可是為了得到這項熱門買賣的經營權，發出來的牌照，又在市場被炒賣到一個沒有甚麼實際邊際利潤的價錢。而為了令生意仍然有利可圖，地瓜的價格被逼推上一個較高的位置。這時，部分經營者為了要在這接近飽和的市場殺出一條血路，於是私下壓低價錢以求薄利多銷，並順帶建立起自己的銷售網絡。這種做法當然受到顧客的歡迎，對其他經營者來說卻是搞亂規矩。

按照市場經濟的理論，市場和價格是一個活的環境，隨時可以因應實際的供求關係而自行調節。這樣，顧客付出一個不那麼高昂的價格，去換取他們需要的貨物或服務，又有甚麼不對了？問題當然是，倘若政府決定插手干預，用行政手段去約束和規管市場行為，那麼對於小市民來說，就可能牽涉一個法例上的問題了。在美國禁酒時期忠心執法的緝私隊長，聽到政府決定解禁後便跟他的同僚說：「來，下班後我們去喝一杯！」法律，有時就是這麼一回事。

讓我再說，非法和違例的事，是我不能鼓勵的。在一些地方，女人在街上沒有蒙頭，或者學者公開發表批評政府的言論，就可以構成刑事罪行。而無論你認為是否合理，只要你抵觸了，便得承擔其後果。「該撒的物當歸給該撒」，一旦牽涉法律訴訟，恐怕神也難以替你開脱。這是卡夫卡（Franz Kafka）在他的小説所表達的夢魘。

說到底，很多這一類問題都是關乎常識與良心的抉擇。不過如果你自問常識稍遜，良心又已跟法例「同步」（synchronized），那麼還是做一個守法的公民比較妥當。畢竟，「凡不出於信心的都是罪」（羅十四 23）。Ω

假設老人家最後點了頭，可是他們惟一剩下的娛樂就是搓幾圈，那是不是有必要勸他們改學十字繡或捉象棋？

「衞生麻將」嘛

“家母七十多歲，喜歡小賭怡情的衞生麻將耍樂，近年隨我返教會後，也願意決志信主，惟兩年來都不獲教會接納洗禮，原因是母親未能戒絕對麻將耍樂的興趣。對於年邁老人來説，這樣要求是否有點不近人情？難道要老人家到病榻纏綿，才可受洗歸天！如是者，是先有好行為才可受洗，抑或受洗得贖再學習行義？”

這是個不好討論的問題，因為一間教會以甚麼條件去接納他們的會友，實在不是我可以在這裏說三道四的。但你問「是先有好行為才可受洗，抑或受洗得贖再學習行義？」卻可能反映一般信徒對受洗的誤解。

首先，聖經的確並沒有將好行為視為受洗的必要條件。新約聖經的做法是信而悔改的，就可以受洗，甚至無須查問信德或背景審查。當然，你可以說真正的相信必然帶來行為上的改變，但我們卻總不能說好行為是受洗的條件罷？但受洗加入一個有註冊規章的宗派組織，成為它的「責任會友」，似乎又多了一層社團組織的考慮。

另一方面，你將「受洗」彷彿說成了「得贖」的直接原因，似乎亦有點問題。聖經的說法是「信而受洗的，必然得救」(可十六16)。換句話說，悔改是核心，受洗是表徵。叫人得救的，顯然不是受洗這個外在的行為，而是內裏實質的信心。掛在主耶穌旁邊的強盜，明顯沒有機會受洗，耶穌卻對他說：「今日你要同我在樂園裏了。」(路

二十三43）

坦白說，老人決志或臨終施洗，很多時都是為了滿足信徒後代的心願，以及考慮到他日墓地的具體安排。當然，我們都盼望老人家能夠在百年歸老之前，對自己永恆的歸宿有多一點把握。但在大多數的情況，如果我們誠實的話，牧者傳道都只能順應子女的要求，用盡各樣方法，讓他們可以符合領洗的要求，為了終於成功引導他們說出所要求的答案而捏一把汗。情況就有點像為小孩子報讀幼稚園而「操面試」一樣，你認為孩子真的明白自己在說甚麼嗎？而神又真的在乎這些繁文縟節？

好了，假設老人家最後點了頭，可是他們惟一剩下的娛樂就是搓幾圈，那是不是有必要勸他們改學十字繡或捉象棋？他們該怎麼理解信耶穌跟搓麻將在本質上有甚麼矛盾？如果他們那熱心教會工作的孩子，間中亦三數知己湊足一檯打打橋牌，孫兒們閒時又會玩玩「鋤大D」，他們就更無法理解搓麻將為何特別不能見容於教會。會不會教會畢竟是屬於「洋教」，因此對中國人的玩意有所排斥？你解釋說因為那牽涉金錢，因而屬於賭博；那麼好像「大富翁」那樣用籌碼或道具鈔票該可以了吧？輸了（或贏了）的話請喝下午茶又如何？一些醫生甚至建議老人學習搓搓麻將、閒話家常，以保持一點精神和社交的活力，減緩老人癡呆症的發生。

不過，我懷疑教會對搓麻將的戒心，大概是因為這玩意確實可以相當令人沉迷，因而不合聖徒的體統。畢竟「衛生麻將」稍為弄過了頭，亦隨時可以變得「不合衛生」。此外，為了跟得上社會實況的發展，聽說新一個版本的 DSM（*Diagnostic and Statistical Manual of Mental Disorder*；《精神疾病診斷與統計手冊》）將會加入對上網的沉迷。而倘若一般被視為正常的活動亦可以因為沉溺而變得曖昧，或許也是時候讓我們對一切行為的規範作個通盤的反思。

說到底，不同的宗派組織大可按照各自的信念設定其要求的行為準則，但那跟是否得救卻不一定存在任何關係。Ω

物以類聚，怎樣的生命就吸引到怎樣的生命。如果自己亦不過是虛有其表的基督徒，若勉強找一個敬虔屬靈的對象，也就只是自尋煩惱。

男歡女愛

“香港社會陰盛陽衰，男女人口失衡，教會情況尤其嚴重，未婚姊妹難覓如意郎君，心急如焚，若死守「信與不信，不能共負一軛」規條，她們恐沒甚麼出路。我認為教會應鼓勵單身姊妹在擇友階段不應自設框框，反守為攻的學習與未信友人談道，例如帶他們參加啟發課程，這或許幫助更大。”

教會陰盛陽衰已經不是一朝一夕的事，所提出的對策，以前亦不是未曾提出過。反而是今番香港社會整體地面對陰盛陽衰的問題，令人想到男女的比例從來都不是絕對地均等，任何一方找不到合適的對象其實在任何年代都會發生。事實上也不需要是男女比例在數值上的差異，就是性格修養的迥異、教育程度的距離、宗教信仰或意識形態的差距，也可以造成兩性難覓配偶對象的困難。

我的意思是，我們其實不需要一開始就將它視作一個信仰問題來看待。如果人生得一知己便可以「死而無憾」，那麼要這個知己同時是自己的配偶就更不容易了。

當然，我們還有「信與不信，不能共負一軛」這個思想包袱。不過，當我們細閱其前文後理，便不難發現，使徒保羅在那裏所指的，其實是另一個更大的信仰原則：「你們和不信的原不相配，不要同負一軛。義和不義有甚麼相交呢？光明和黑暗有甚麼相通呢？基督和彼列有甚麼相和呢？信主的和不信主的有甚麼相干呢？神的殿和偶像有甚麼相同呢？因為我們是永生神的殿……」(林後六 14～16)。

明顯地，這裏是指到義與不義、光明與黑暗、基督與彼列、神的殿與偶像等壁壘分明、不能共存的重大對立；保羅在這裏勸勉信徒的，是要他們遠離罪惡和不義(參林後六 17～七 1)。「信與不信」，亦必須在這個前提下被理解，而不能勉強將它拉到兒女私情的層次。

從解釋聖經的角度，明確的訓示當然比原則的引申更為妥當。而對於男女關係，保羅明確的意見是：「我對其餘的人說(不是主說)：倘若某弟兄有不信的妻子，妻子也情願與他同住，他就不要離棄妻子。妻子有不信的丈夫，丈夫也情願與她同住，她就不要離棄丈夫……倘若那不信的人要離去，就由他離去吧！無論是弟兄，是姊妹，遇著這樣的事都不必拘束……」(林前七 12～15)。

我當然知道，這裏所論到的，是一個已婚的關係。但明顯地，在這裏，「信與不信」並未去到先前「光明和黑暗」、「基督和彼列」那個層次，以致信徒「遇著這樣的事都不必拘束」。難道我們沒有理由相信，這才是處理一般男女關係的原則？

男女相配、雌雄相匹，原是創世以來就已經存在的關係，實在無需再另設關卡。千百年來，不同的民族文化對婚姻都有不同的安排，是一個有趣的社會學課題。至於現代的自由戀愛，亦有它本身的規律。物以類聚，怎樣的生命就吸引到怎樣的生命。如果自己亦不過是虛有其表的基督徒，若勉強找一個敬虔屬靈的對象，也就只是自尋煩惱。倒過來說，生命影響生命，「你這作妻子的，怎麼知道不能救你的丈夫呢？你這作丈夫的，怎麼知道不能救你的妻子呢？只要照主所分給各人的，和神所召各人的而行」（林前七 16～17）。

生命有它本身的法則，不是一個抽象的規條原則可以規管得了。這是屬於創造的奧祕。是帶領配偶走進教會，抑或被配偶帶離教會，那是實質生命的較量，當然也是教會質素的考驗。至於學習談道技巧抑或參加啟發課程，那就大可悉隨尊便了。Ω

信念再思叢書 慎思明辨，探求真相。

暴力世界中的溫柔——軟弱羣體的先知見證
Living Gently in a Violent World: The Prophetic Witness of Weakness
侯活士(Stanley Hauerwas)、范尼雲(Jean Vanier) 著/陳永財 譯/HK$53

真的上教會？——教會敬拜、事奉與使命的重塑
Why Church Matters: Worship, Ministry and Mission in Practice
約拿單・威爾遜(Jonathan R. Wilson)著/陳永財 譯/HK$68

破碎世界裏的忠心教會——從麥金太爾的《德性之後》學習教會之道
Living Faithfully in a Fragmented World: Lessons for the Church from MacIntyre's After Virtue
約拿單・威爾遜 (Jonathan R. Wilson) 著/陳永財 譯/HK$48

為這星期五感謝神——於現今世代再思十架七言
Thank God It's Friday: Encountering the Seven Last Words from the Cross
韋利蒙(William H. Willimon) 著/李金好 譯/HK$63

權力與激情——六個追尋復活的人物
Power and Passion: Six Characters In Search of Resurrection
塞謬爾・韋爾斯 (Samuel Wells) 著/陳永財 譯/HK$73

基督徒的神學思考
How to Think Theologically
霍華得・斯通 (Howard W. Stone)、詹姆斯・杜克(James O. Duke) 著/陳永財 譯/HK$63

與後現代大師一同上教會
Who's Afraid of Postmodernism?: Taking Derrida, Lyotard, and Foucault to Church
史密斯 (James K. A. Smith) 著/陳永財 譯/HK$63

基督徒看消費主義
Christ and Consumerism: A Critical Analysis of the Spirit of the Age
巴塞洛繆(Craig Bartholomew)、莫里茨(Thorsten Moritz) 主編/陳永財 譯/HK$78

基督徒看錢、性與權勢(合訂本)附閱讀指引
Money, Sex and Power: With Study Guide
傅士德(Richard J. Foster) 著/周天和等 譯/HK$98

讀者意見表

緊扣時代　服事教會

以文字傳揚基督真道

衷心多謝你購買本社書籍。本社一直致力以出版事工服事教會，幫助信徒扎根於神的話語，促進靈命增長。為使我們的出版更能滿足你的需要，請填寫下列各項資料，並寄回或傳真予本社。

所購書籍：________________

本書最吸引你的地方：
☐作者　☐適切性　☐文筆　☐設計　☐實用性
☐其他：________________

購買本書地點：
☐基道書樓　☐基督教書店　☐非基督教書店

性別：☐男　☐女　職業：________________

信仰：☐基督徒　☐非基督徒

年齡：☐ 16 歲或以下　☐ 17～25 歲　☐ 26～35 歲
☐ 36～55 歲　☐ 56 歲或以上

學歷：☐中三或以下　☐中五　☐預科
☐大學　☐研究院

☐我欲更多了解基道出版社的事工及考慮支持，請寄給我下列資料：
☐機構簡介　☐新書資料　☐基道會員通訊
☐《基道文字事工通訊》

姓名：________________ 電話：________________

地址：________________

____

傳真：________________ 電子郵件：________________

其他意見：________________

____

多謝賜教！

意見表可以傳真（2687-0281）或直接郵寄以下地址：
香港沙田火炭坳背灣街26號富騰工業中心1011室
基道出版社編輯部收